© Verlag Zabert Sandmann
München
1. Auflage 2005
ISBN 3-89883-142-6

Grafische Gestaltung	Georg Feigl
Rezeptfotos	Jan-Peter Westermann
Foodstyling	Roland Geiselmann
Set-Fotos	Wolfgang Lehmann, Jan-Peter Westermann
Redaktion	Kathrin Ullerich, Alexandra Schlinz, Julei M. Habisreutinger, Margit Bogner
Redaktionelle Mitarbeit	Christian Löwendorf, Tom Eckert
Herstellung	Karin Mayer, Peter Karg-Cordes
Lithografie	Christine Rühmer
Druck & Bindung	Mohn Media · Mohndruck GmbH, Gütersloh

Die Talkshow »Johannes B. Kerner« ist eine Sendung des
Zweiten Deutschen Fernsehens. ZDF-Logo lizensiert von ZDF Enterprise GmbH

Besuchen Sie uns auch im Internet unter www.zsverlag.de

Johannes B. Kerner

Kerners Köche

Inhalt

Vorwort	6
Vorspeisen & Suppen	10
Kleine Gerichte	34
Fisch	66
Geflügel & Fleisch	82
Geht einfach, macht viel her	108
Desserts	128
Kerners Köche	156
Register	158

Das kultivierte Kochchaos
Wie ich zum Moderator einer Kochshow wurde

Es sollte eine ganz normale Talkshow werden: Einmal die Crème de la crème der deutschen Fernsehköche in der Vorweihnachtszeit ins Studio holen, um mit ihnen darüber zu reden, wie es – zumindest aus kulinarischer Sicht – ein gelungenes Fest wird. Doch dann überschlugen sich die Ereignisse und es entstand aus der Not geboren eine Kochshow, wie es sie bislang im deutschen Fernsehen noch nicht gab.

Liebe Leserin, lieber Leser,

ich möchte Ihnen eine der ungewöhnlichsten Geschichten erzählen, die mir in meiner Arbeit als Fernsehmoderator in den letzten Jahren passiert ist. Und ohne die es, um es gleich vorweg zu sagen, weder die »Kerner-Kochshow« noch das Buch, das Sie vor sich haben, gäbe. Es hört sich unglaublich an, aber »schuld« an alledem ist kein Geringerer als Hollywoodstar George Clooney. George hätte zum Start des Films »Ocean's Twelve« zusammen mit Matt Damon und Brad Pitt im Dezember 2004 Gast meiner Talkshow sein sollen. Hätte. Denn keine 48 Stunden vor Aufzeichnung der Sendung kam der Anruf aus Amerika: George müsse den Deutschlandbesuch leider absagen, Diagnose: »herniated vertebral disk«, Bandscheibenvorfall. »See you next time, we are so sorry!«

Als uns diese Katastrophennachricht erreichte, saßen wir gerade in einer Redaktionssitzung zu einer Sendung des folgenden Tages, zu der Deutschlands Fernsehkoch-Elite eingeladen war: Sarah Wiener, Ralf Zacherl, Tim Mälzer, Rainer Sass und Johann Lafer. Wohlgemerkt: zum Talken.

Während wir nun also alle beisammensaßen und überlegten, wie wir innerhalb von zwei Tagen adäquate Ersatzgäste für unser »Hollywood-Special« organisieren könnten und am Rande der Verzweiflung standen, kam mir eine Idee: Wenn wir fünf so tolle Köche im Studio haben, dann könnten wir mit ihnen doch auch gleich eine zusätzliche Sendung aufzeichnen, in der sie ihr Können vor laufenden Kameras beweisen und für die Zuschauer ein stressfreies Weihnachtsmenü mit fünf Gängen

zubereiten. Denn seien wir mal ehrlich, das größte Gefahrenpotenzial für einen Streit unter dem Christbaum liegt doch in der Küche. Alle waren spontan begeistert und kaum einer wagte auszusprechen, was wohl jeder in der Runde dachte: Wie sollte innerhalb von 48 Stunden aus unserem Talk- ein Kochstudio werden? Haben Sie einmal in einem Möbelhaus eine Küche bestellt? Kennen Sie die Lieferzeiten?

Redaktion und Requisite verbrachten ein kleines Wunder. Fragen Sie mich nicht, wie, aber in Tag- und Nachtarbeit wurde alles um- und eingebaut, wurden Kochfelder und Öfen installiert, Wasserleitungen ins Studio gelegt, zusätzliche Kameras zum »In-den-Topf-Gucken« geliehen, usw. Den fünf Köchen gefiel das Ganze natürlich auch, und als die Sendung lief, wurde gekocht, probiert, gelobt, kritisiert und dem Publikum immer wieder alles serviert. Die Stimmung war ausgezeichnet, einfach ein riesengroßer Spaß für alle.

Was in der Hektik der kurzen Vorbereitung der Sendung keiner so richtig zu Ende gedacht hatte: Wir wollten den Zuschauern die Möglichkeit geben, die Rezepte anzufordern, und einigten uns darauf, ganz wie zu Zeiten der Hitparade die ZDF-Brieffachadresse anzugeben. Sicherheitshalber ließen wir die Rezepte großzügig berechnete 250-mal kopieren und beim ZDF hinterlegen.

Es war kurz vor Weihnachten, zwei Arbeitstage nach dem großen Kochspektakel, ich wollte nur schnell meinen Schreibtisch aufräumen. Als ich in Hamburg ins Büro kam, sah ich fünf Redakteure

VORWORT

auf dem Boden sitzen und in großen Umzugskisten voller Briefe wühlen. Ich dachte, das ist der reine Wahnsinn, das sind doch mindestens ein paar tausend Rezeptanfragen. Ein Kollege sagte, dass beim ZDF in Mainz weitere drei Kisten in Bearbeitung wären. Am folgenden Tag kamen acht neue Kisten, tags darauf zwanzig weitere. Insgesamt erreichten uns fast 30 000 Zuschriften, samt ein paar tausend E-Mails. Da war uns klar: Wir müssen weitermachen, »Kerners Köche« waren geboren. Unsere freitägliche Kochshow ist nicht weniger als ein sensationeller Ausnahmeerfolg, weil die Zuschauer vom ersten Tag an begeistert waren von dem aus der Not geborenen kultivierten Kochchaos in unserem Studio an der Hamburger Rothenbaumchaussee. Die Köche bereiten im Vorfeld der Sendung nichts vor, Fehler oder Pannen vor laufenden Kameras werden nicht korrigiert oder herausgeschnitten, das Studiopublikum darf alles probieren – und wem etwas nicht schmeckt, der darf das auch sagen. Vielleicht ist es das, warum unsere Starköche Woche für Woche so viel Spaß an der Sendung haben.

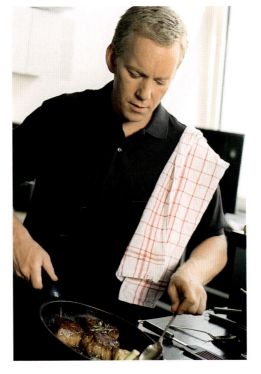

Dank der treuen Zuschauer ist die Sendung rund um »Kerners Köche« die meistgesehene Kochsendung im deutschen Fernsehen. Ein schöner Erfolg, der vor allem den Meistern am Herd zu verdanken ist. Profis, die ihr Handwerk verstehen und die trotz des Stresses und des Durcheinanders immer zu Scherzen aufgelegt sind. Ich kann das nur bewundern, weil ich weiß, wie viel Mühe in ein gutes Gericht investiert werden muss. Woher ich das weiß? Weil ich selbst auch gern koche. Zu Hause, wenn ich Zeit habe, für die Familie und für Freunde.

Kochen bedeutet für mich Entspannung. Wenn ich in der Küche stehe und Gulasch mache oder Spargel koche, kann ich mich bestens von mancher harten Sendewoche erholen. Von den Köchen in meiner Show lerne ich ständig dazu. Und weil immer wieder Zuschauer danach fragen, verrate ich Ihnen in diesem Buch auch ein paar von meinen eigenen Rezepten. Viel von dem, was ich seit Dezember 2004 gelernt habe, konnte ich einfließen lassen, weshalb ich am Schluss nicht vergessen möchte zu sagen: danke, George!

Ihr

Johannes B. Kerner

VORWORT | 9

Vorspeisen & Suppen

VORSPEISEN & SUPPEN

Oliventoast mit
Artischocken-Tomaten-Salat *von Johann Lafer*

**Zutaten
für 4 Personen:**

1 Kastenweißbrot

(500 g; vom Vortag)

3 große Artischocken

Saft von 1 Zitrone

80 g Rucola

2 Schalotten

2 Knoblauchzehen

5 EL Olivenöl mit Limone

20 Cocktailtomaten

Salz, Pfeffer aus der Mühle

Chili aus der Gewürzmühle

(ersatzweise Chilipulver)

1 EL Honig

3 EL Balsamico bianco

4-6 EL schwarze Olivenpaste

Zubereitung:

1 Den Backofen auf 200 °C vorheizen. Von dem Weißbrot der Länge nach 4 etwa 1/2 cm dicke Scheiben schneiden (mit einem Sägemesser oder mit der Aufschnittmaschine). Die Brotscheiben nebeneinander auf ein mit Backpapier ausgelegtes Backblech legen. Darauf ein weiteres Backpapier und ein zweites Backblech legen (so wellt sich das Brot nicht beim Backen). Das Weißbrot im vorgeheizten Ofen auf der mittleren Schiene etwa 10 Minuten goldbraun backen. Die Brotscheiben vom Blech nehmen und abkühlen lassen.

2 Die Artischocken waschen, die holzigen äußeren Blätter entfernen und den Stiel schälen. Die Artischocken vierteln und das Heu entfernen. Die Böden in dünne Spalten schneiden und sofort mit Zitronensaft beträufeln. Den Rucola putzen, waschen und trockenschleudern, die groben Stiele entfernen und den Rucola beiseite stellen.

3 Schalotten und Knoblauch schälen und in kleine Würfel schneiden. In einer Pfanne das Öl erhitzen, die Schalotten- und Knoblauchwürfel darin glasig dünsten. Die Artischockenspalten dazugeben und bei mittlerer Hitze bissfest garen. Die Cocktailtomaten waschen und halbieren, zu den Artischocken geben und 2 Minuten mitgaren. Mit Salz, Pfeffer und Chili würzen. Den Honig und den Essig unterrühren und die Pfanne vom Herd nehmen.

4 Die Brotscheiben mit der Olivenpaste bestreichen und mit dem Rucola belegen. Den lauwarmen Artischocken-Tomaten-Salat auf die Brote verteilen und die Oliventoasts sofort servieren.

Tipp

Wenn Sie Olivenpaste übrig haben, bedecken Sie sie am besten mit etwas Olivenöl und stellen das gut verschlossene Glas in den Kühlschrank. So hält sich die Paste dann noch bis zu 3 Wochen.

Verschiedene **Brotaufstriche**

von Sarah Wiener

**Zutaten
für 4 Personen:**

Thunfisch-Zitronengras-Aufstrich:

200 g frischer Thunfisch
(z. B. Gelbflossenthunfisch;
Sushi-Qualität)
2 unbehandelte Limetten
10 g Ingwer
$1/4$ Stange Zitronengras
2 EL Sesamöl
4 EL Tomatensaft
(frisch zubereitet oder
naturbelassen)
Salz, Zucker

Karotten-Koriander-Aufstrich:

300 g Karotten
20 g Ingwer
2 EL Sesamöl
1 Bund Koriander
Salz, Pfeffer aus der Mühle

Erdäpfelkas:

300 g mehlig kochende
Kartoffeln, Salz
1 Zwiebel
100 g Tiroler Bergkäse
(am Stück)
150 g Schmand
Pfeffer aus der Mühle
1 Bund Schnittlauch

Zubereitung Thunfisch-Zitronengras-Aufstrich:

1 Den Thunfisch waschen, trockentupfen und mit einem scharfen Messer in $1/2$ cm große Würfel schneiden. Die Limetten heiß waschen, trockenreiben und die Schale fein abreiben. Den Ingwer schälen, das Zitronengras putzen und waschen. Beides fein hacken.

2 Zitronengras und Ingwer mit der Limettenschale, dem Öl und dem Tomatensaft zu einer Marinade verrühren, mit Salz und Zucker abschmecken. Die Thunfischwürfel untermischen und den Aufstrich im Kühlschrank 1 bis 2 Stunden durchziehen lassen.

Zubereitung Karotten-Koriander-Aufstrich:

1 Die Karotten putzen, schälen und in fingergroße Stücke schneiden. Den Ingwer schälen und fein hacken. In einer Pfanne das Öl erhitzen, Karotten und Ingwer darin leicht andünsten. Die fast noch rohe Masse im Blitzhacker zerkleinern (die Masse sollte nicht breiig werden).

2 Den Koriander waschen und trockenschütteln, die Blätter von den Stielen zupfen und fein hacken. Mit der Karotten-Ingwer-Masse mischen und den Aufstrich mit Salz und Pfeffer abschmecken.

Zubereitung Erdäpfelkas:

1 Die Kartoffeln mit Schale in Salzwasser etwa 20 Minuten gar kochen, abgießen, pellen und noch warm durch die Kartoffelpresse in eine Schüssel drücken.

2 Die Zwiebel schälen und in kleine Würfel schneiden. Den Käse in die noch warme Kartoffelmasse reiben, den Schmand und die Zwiebel unterrühren. Den Erdäpfelkas mit Salz und Pfeffer abschmecken und nach Belieben mit wenig Kreuzkümmel würzen. Den Schnittlauch waschen, trockenschütteln, in Röllchen schneiden und darüber streuen.

3 Die Aufstriche in kleine Schälchen füllen und Brot, am besten Sauerteigbrot, dazu servieren.

VORSPEISEN & SUPPEN | 15

Bauernröstbrot
mit herbstlichem Pilztatar

von Johann Lafer

Zutaten
für 4 Personen:

300 g gemischte Pilze

(z. B. Steinpilze, Pfifferlinge,

Shiitake-Pilze, Champignons)

2 Schalotten

1 Knoblauchzehe

100 g Butter

Salz, Pfeffer aus der Mühle

Chili aus der Gewürzmühle

(ersatzweise Chilipulver)

2 1/2 EL alter Aceto balsamico

2 EL gehackte Petersilie

3 1/2 EL Rapsöl

4 Scheiben Bauernbrot

8 Scheiben gekochter

Schinken

einige Schnittlauchhalme

3 EL Butterschmalz

4 Eier

Meersalz aus der Mühle

Zubereitung:

1 Die Pilze putzen, trocken abreiben und in möglichst kleine Würfel schneiden. Schalotten und Knoblauch schälen und in kleine Würfel schneiden. Die Hälfte der Butter in einer großen Pfanne zerlassen, Schalotten und Knoblauch darin glasig dünsten. Die Pilze dazugeben und so lange dünsten, bis die Flüssigkeit vollkommen verdampft ist.

2 Das Pilztatar mit Salz, Pfeffer und Chili würzen, den Essig und die Petersilie untermischen und das Tatar aus der Pfanne nehmen und etwas abkühlen lassen.

3 Die restliche Butter und das Öl in der Pfanne erhitzen und die Brotscheiben darin auf beiden Seiten goldbraun rösten. Herausnehmen und auf Küchenpapier abtropfen lassen.

4 Die Brote großzügig mit dem Pilztatar bestreichen und je 2 Scheiben gekochten Schinken darauf legen. Den Schnittlauch waschen und trockenschütteln.

5 Das Butterschmalz in der Pfanne zerlassen und die Eier in einem Spiegeleierformring zu Spiegeleiern braten. Die Eier mit dem Pfannenwender vorsichtig aus der Pfanne heben, den Ring lösen und auf jedes Brot 1 Spiegelei setzen. Mit Meersalz und Pfeffer würzen und mit Schnittlauch garnieren.

Tipp

Pilze sollte man möglichst immer mit Küchenpapier abreiben oder mit einem Pinsel säubern. Wenn man sie wäscht, weichen sie auf und verlieren an Geschmack.

VORSPEISEN & SUPPEN

Blüten-Kräuter-Salat
mit Pfifferlingen

von Sarah Wiener

Zutaten
für 4 Personen:

80 g junger Blattspinat

80 g Feldsalat

80 g Chicorée

80 g Brunnenkresse

2 EL Mahonienblüten

2 EL Portulak

1 EL Borretschblüten

1 EL Zitronenthymianblätter

1-2 EL Sauerampferblätter

250 g Pfifferlinge

6 EL Arganöl

(ersatzweise Walnussöl)

Meersalz aus der Mühle

Pfeffer aus der Mühle

3 EL Kürbiskerne

1 Knoblauchzehe

Saft von 1 Limette

1 TL Senf

3 EL Gemüsebrühe

Zubereitung:

1 Spinat und Feldsalat putzen, waschen und trockenschleudern. Den Chicorée putzen, waschen und den Strunk herausschneiden. Die Chicoréeblätter in mundgerechte Stücke zupfen und trockenschleudern. Die Kresse waschen und trockentupfen.

2 Die Blüten und Kräuter abbrausen und vorsichtig trockentupfen. Die Pfifferlinge putzen und trocken abreiben. In einer Pfanne 2 EL Öl erhitzen und die Pilze darin kurz anbraten, mit Meersalz und Pfeffer würzen. Die Kürbiskerne in einer beschichteten Pfanne ohne Fett leicht anrösten.

3 Die verschiedenen Salate, Blüten und Kräuter in eine große Schüssel geben.

4 Für die Marinade den Knoblauch schälen und in kleine Würfel schneiden. Mit restlichem Öl, Limettensaft, Meersalz, Senf und Gemüsebrühe oder Wasser in einem kleinen Topf verrühren und leicht erhitzen.

5 Die Marinade über den Salat gießen und untermischen. Die Pfifferlinge und die Kürbiskerne darüber geben.

Tipp

Arganöl ist mein Lieblingsöl – auch wenn es leider etwas teurer ist. Das Öl des Arganbaums, der nur in Marokko wächst, enthält 80 % ungesättigte Fettsäuren und schmeckt wunderbar nussig! Sie bekommen das Öl in afrikanischen Lebensmittelläden, Feinkostgeschäften oder übers Internet.

Feldsalat mit gemischten Pilzen

von Johannes B. Kerner

Zutaten für 4 Personen:

- 200 g Feldsalat
- 1 Schalotte
- 1 Knoblauchzehe
- 8 EL Olivenöl
- 1 EL Aceto balsamico
- 2 EL Gemüsebrühe
- Salz, Pfeffer aus der Mühle
- Zucker
- je 100 g Champignons, Shiitake- und Austernpilze
- 2 EL Butter
- 1 EL gehackte Petersilie
- 60 g Parmesan (am Stück)

Zubereitung:

1. Den Feldsalat putzen, waschen, trockenschleudern und in eine große Schüssel geben. Die Schalotte und den Knoblauch schälen und in kleine Würfel schneiden.

2. In einer kleinen Schüssel 5 EL Öl mit dem Essig, der Gemüsebrühe, etwas Salz, Pfeffer und 1 Prise Zucker zu einem Dressing verrühren.

3. Die Pilze putzen, trocken abreiben und je nach Größe vierteln oder halbieren. Die Butter und das restliche Öl in einer Pfanne erhitzen und die Pilze darin anbraten. Die Schalotte und den Knoblauch dazugeben und kurz mitbraten. Mit Salz und Pfeffer würzen. Zuletzt die Petersilie untermischen und die Pfanne vom Herd nehmen.

4. Den Feldsalat in der Schüssel mit dem Dressing mischen. Den Salat auf Teller verteilen, die Pilze darüber geben und den Parmesan mit dem Sparschäler in feinen Spänen darüber hobeln.

Tipp

Ich mag Feldsalat auch gern mit selbst gemachten Croûtons: Einfach 3 Scheiben Toastbrot entrinden und in Würfel schneiden. In 1 EL Butter mit 1 gewürfelten Knoblauchzehe unter Rühren goldbraun rösten.

VORSPEISEN & SUPPEN | 19

Sprossensalat mit Thai-Basilikum

von Sarah Wiener

Zutaten für 4 Personen:

500 g Sojabohnensprossen
1 rote Chilischote
1 Karotte
1 Stange Lauch
einige Stiele Thai-Basilikum
1 kleines Bund Koriander
3 Knoblauchzehen
8 g Ingwer
1 EL Zucker
4 cl Reisessig
5 EL Sonnenblumenöl
2 EL asiatische Fischsauce
2 EL Sojasauce

Zubereitung:

1 Die Sojabohnensprossen in einem Sieb heiß abbrausen und abtropfen lassen. Die Chilischote längs halbieren, entkernen, waschen und in feine Würfel schneiden. Die Karotte putzen, schälen und mit einem scharfen Messer in feine Streifen schneiden oder mit dem Zestenreißer Streifen abziehen. Den Lauch putzen, waschen und in feine Streifen schneiden.

2 Thai-Basilikum und Koriander waschen und trockenschütteln, die Blätter von den Stielen zupfen und grob hacken. Den Knoblauch schälen und in kleine Würfel schneiden. Den Ingwer schälen und fein hacken. Zucker, Essig, 3 EL Öl, Fisch- und Sojasauce zu einer Marinade verrühren (oder in einem Glas mit Schraubverschluss kräftig schütteln).

3 In einer Pfanne das restliche Öl erhitzen, Ingwer, Knoblauch und Chili darin anbraten. Karotte und Lauch dazugeben, nach 2 Minuten die Sojabohnensprossen hinzufügen und 2 bis 3 Minuten mitbraten. Die Pfanne vom Herd nehmen, das Gemüse und die Sojabohnensprossen in eine Schüssel geben und die Marinade über den Salat gießen. Zum Schluss die Kräuter unterheben. Den Sprossensalat kalt oder warm servieren.

Tipp

Beim Putzen von Chilischoten eventuell Einweghandschuhe anziehen: Dann brennt es nicht unter den Fingernägeln! In den Kräuterstielen stecken übrigens die meisten Vitamine. Verwenden Sie sie mit, hacken Sie sie einfach klein.

VORSPEISEN & SUPPEN

Safran-Nudelsalat **im Glas**

von Rainer Sass

Zutaten
für 4 Personen:

2 Döschen Safranfäden (0,2 g)

125 g Naturjoghurt

2 EL Mayonnaise

100 g Sahne

1 EL Obstessig

2 EL Olivenöl

1 TL Zucker

1 TL Cayennepfeffer

1 TL Chilisauce

1/2 Fenchelknolle

(ca. 150 g; mit viel Grün)

2 Stiele Petersilie

2 Tomaten

2 Frühlingszwiebeln

Salz, Pfeffer aus der Mühle

250 g Orecchiette

(kleine Öhrchennudeln)

Zubereitung:

1 Den Safran in 1 EL Wasser auflösen und mit Joghurt, Mayonnaise, Sahne, Essig und Öl in einer großen Schüssel verrühren. Die Safransauce mit Zucker, Cayennepfeffer und Chilisauce würzen und etwas durchziehen lassen.

2 Den Fenchel putzen und waschen, den Strunk herausschneiden und die Knollenhälfte in feine Streifen schneiden. Die Petersilie waschen und trockenschütteln, die Blätter von den Stielen zupfen und mit dem Fenchelgrün fein hacken.

3 Die Tomaten kreuzweise einritzen, kurz in kochendes Wasser tauchen, kalt abschrecken, häuten, vierteln und entkernen, das Fruchtfleisch in kleine Würfel schneiden. Die Frühlingszwiebeln putzen, waschen und in Ringe schneiden. Fenchel, Petersilie, Tomaten und Frühlingszwiebeln in eine Schüssel geben, mit Salz und Pfeffer würzen.

4 Die Orecchiette in reichlich kochendem Salzwasser nach Packungsanweisung bissfest garen. In ein Sieb abgießen, noch tropfnass zur Safransauce geben und unterheben. Das Gemüse dazugeben und mit den Nudeln mischen. Den Nudelsalat etwas durchziehen lassen, noch einmal mit Salz und Pfeffer abschmecken, in Gläser füllen und lauwarm servieren.

Tipp

Als Obstessig nehme ich am liebsten Apfel-Birnen-Essig – er gibt dem Gericht die besondere Würze. So wird Nudelsalat wieder gesellschaftsfähig!

Zuckerschotensalat mit Strauchtomaten und Kapuzinerkresseblüten
von Sarah Wiener

Zutaten für 4 Personen:

- 250 g Zuckerschoten
- 80 g kleine Strauchtomaten
- 1/2 l Gemüsebrühe
- 1 kleines Bund Estragon
- 3 EL Olivenöl
- Meersalz aus der Mühle
- Pfeffer aus der Mühle
- 2 EL Aceto balsamico
- 1 EL Sojasauce
- 12–15 Kapuzinerkresseblüten (gelb und orangefarben)

Zubereitung:

1 Die Zuckerschoten putzen und waschen. Die Tomaten waschen und halbieren, dabei den Stielansatz entfernen. Die Gemüsebrühe in einem Topf zum Kochen bringen und die Zuckerschoten darin 2 bis 3 Minuten bissfest kochen. In ein Sieb abgießen und kalt abschrecken.

2 Den Estragon waschen und trockenschütteln, die Blätter von den Stielen zupfen. Einige Blätter zum Garnieren beiseite legen, den Rest grob hacken. Das Öl in einer Pfanne erhitzen, die Zuckerschoten und die Tomaten darin andünsten. Mit Meersalz, Pfeffer und Estragon würzen. Den Essig und die Sojasauce unterrühren.

3 Den Zuckerschotensalat auf einer Platte anrichten. Die Kapuzinerkresseblüten abbrausen, vorsichtig trockentupfen und unterheben. Den Estragon über den Salat streuen.

Tipp
Sie können die Zuckerschoten auch durch grüne Bohnen ersetzen. Um die leuchtend grüne Farbe des Gemüses zu erhalten, gebe ich 1 TL Natron in das Kochwasser und schrecke die Zuckerschoten oder Bohnen sofort eiskalt ab.

VORSPEISEN & SUPPEN | 23

Nektarinencarpaccio mit Tatar und
Limetten-Crème-fraîche *von Johannes B. Kerner*

Zutaten
für 4 Personen:

250 g Rinderfilet

Salz, Pfeffer aus der Mühle

Zucker

1 Schalotte

1 EL eingelegte Kapern

2 eingelegte Sardellenfilets

1 Eigelb

1 EL Ketchup

1 TL Senf

Chili aus der Gewürzmühle
(ersatzweise Chilipulver)

100 g Crème fraîche

Saft und abgeriebene Schale
von 1 unbehandelten Limette

Öl zum Einfetten

6 feste Nektarinen

50 ml Pfirsichsaft

2 EL Ahornsirup

4-6 EL Olivenöl

Zubereitung:

1 Das Rinderfilet in dünne Scheiben schneiden, mit Salz, Pfeffer und Zucker würzen und 15 Minuten ziehen lassen.

2 Die Schalotte schälen und in kleine Würfel schneiden, die Kapern und die Sardellen fein hacken. Die Fleischscheiben zu möglichst feinem Tatar schneiden, Schalotte, Kapern, Sardellen, Eigelb, Ketchup und Senf untermischen. Das Tatar mit Chili, Salz und Pfeffer abschmecken.

3 Die Crème fraîche mit Limettensaft und -schale cremig schlagen, mit Salz und Pfeffer abschmecken.

4 Vier Metallringe innen mit etwas Öl einfetten, auf eine Platte stellen und zu zwei Dritteln mit dem Tatar füllen. Das Tatar etwas andrücken, die Crème fraîche darauf verteilen und das Tatar kühl stellen.

5 Die Nektarinen waschen und trockenreiben. Die Früchte halbieren und den Kern entfernen. Die Nektarinenhälften mit einem scharfen Messer (oder am besten auf der Aufschnittmaschine) in möglichst dünne Scheiben schneiden. Die Reststücke der Nektarinen mit dem Pfirsichsaft und dem Ahornsirup mit dem Stabmixer pürieren.

6 Das Fruchtpüree gleichmäßig dünn auf Teller verteilen, die Nektarinenscheiben kreisförmig darauf legen und mit dem Öl beträufeln. In die Mitte des Carpaccios jeweils ein Tatar-Törtchen setzen und den Metallring vorsichtig abziehen.

Tipp

Statt Nektarinen kann man auch Pfirsiche verwenden. Wichtig ist, dass die Früchte fest sind – nur dann kann man sie hauchdünn aufschneiden. Zu dieser Vorspeise passt sehr gut ein Rucolasalat, einfach nur mit Olivenöl und Zitronensaft angemacht.

VORSPEISEN & SUPPEN

Eingelegte Birne **mit Speck**

von Rainer Sass

**Zutaten
für 4 Personen:**

4 Birnen
(z.B. Williams Christ)
4 EL Obstessig
2 EL Apfel-Balsamessig
(ersatzweise Obstessig)
4 1/2 EL Walnussöl
30 schwarze Pfefferkörner
100 g durchwachsener Speck
150 g Walnusskerne

Zubereitung:

1 Die Birnen schälen, halbieren, entkernen und mit einem scharfen Messer in feine Fächer schneiden.

2 Beide Essigsorten und 4 EL Öl zu einer Marinade anrühren. Die Pfefferkörner im Mörser zerstoßen und unter die Marinade mischen.

3 Die gefächerten Birnen in eine flache Auflaufform legen und mit der Marinade begießen. Mindestens 30 Minuten durchziehen lassen, die Birnen dabei einmal wenden.

4 Den Speck in sehr feine Streifen schneiden. In einer Pfanne das restliche Öl erhitzen und den Speck darin knusprig braun braten, anschließend auf Küchenpapier abtropfen lassen. Die Walnusskerne hacken und in einer beschichteten Pfanne ohne Fett leicht anrösten.

5 Die Birnen aus der Marinade nehmen, Speck und Nüsse darüber verteilen und etwas Marinade darüber träufeln. Nach Belieben mit grob gemahlenem Pfeffer bestreuen.

Tipp

Dies ist eine ideale Vorspeise zu Wildgerichten: Birnen-, Nuss- und Speckgeschmack machen Appetit auf Reh, Taube oder Ente.

Wachtelspiegeleier auf Spinat

von Johann Lafer

Zutaten für 16 Häppchen:

- 8 Scheiben Toastbrot
- 90 g Butter
- 500 g Blattspinat
- 3 Schalotten
- 2 Knoblauchzehen
- Salz
- weißer Pfeffer aus der Mühle
- Muskatnuss
- 2–3 Stiele Kerbel
- 16 Wachteleier

Zubereitung:

1. Aus jeder Toastbrotscheibe mit einem Ausstecher oder einem Glas 2 Kreise von 5 cm Durchmesser ausstechen. In einer großen Pfanne 40 g Butter zerlassen und die Toasttaler darin bei mittlerer Hitze auf beiden Seiten goldbraun braten.

2. Den Spinat putzen, waschen und abtropfen lassen, die groben Stiele entfernen. Schalotten und Knoblauch schälen und in kleine Würfel schneiden. In einem Topf 30 g Butter zerlassen, Schalotten und Knoblauch darin andünsten. Den Spinat dazugeben, mit Salz, Pfeffer und Muskatnuss würzen und zugedeckt zusammenfallen lassen. Anschließend auf einem Sieb abtropfen lassen. Den Kerbel waschen und trockenschütteln, die Blätter von den Stielen zupfen und zum Garnieren beiseite legen.

3. In einer großen Pfanne die restliche Butter zerlassen. Die Wachteleier vorsichtig einzeln aufschlagen (dabei das Eigelb nicht verletzen) und auf einen Teller geben. Von dem Teller in die Pfanne gleiten lassen und bei schwacher Hitze etwa 2 Minuten braten, bis das Eiweiß stockt. Das Eigelb sollte nicht zu fest werden.

4. Die Spiegeleier mit Salz würzen und mit einem Metallring (etwa 3 cm Durchmesser, ersatzweise ein kleines Glas) so ausstechen, dass das Eigelb in der Mitte ist. Die Toasttaler mit Spinat belegen, darauf die Spiegeleier setzen und mit Kerbel garniert servieren.

Tipp

Wachteleier bekommen Sie in gut sortierten Kaufhäusern in der Feinkostabteilung. Statt Toastbrot können Sie für dieses Rezept auch Pumpernickel oder Graubrot verwenden.

Stilton mit Pflaumen und Bacon

von Johann Lafer

Zutaten
für 16 Häppchen:

150 g Stilton (oder anderer
Blauschimmelkäse)

16 Backpflaumen (ohne Stein)

16 dünne Scheiben Bacon
(Frühstücksspeck)

4 EL Butter

6-7 EL Portwein

Salz

weißer Pfeffer aus der Mühle

Zubereitung:

1 Den Käse in 16 nussgroße Stücke schneiden und die Backpflaumen damit füllen. Jede Pflaume mit 1 Scheibe Speck umwickeln.

2 In einer Pfanne drei Viertel der Butter zerlassen und die Speckpflaumen darin von allen Seiten knusprig braun braten. Den Portwein dazugießen. Die Pflaumen aus der Pfanne nehmen und den Portwein sirupartig einkochen lassen.

3 Die Pfanne vom Herd nehmen und die restliche kalte Butter unter den Portweinsirup rühren, mit Salz und Pfeffer würzen. Die Backpflaumen wieder in den Sirup geben und darin wenden. Mit Cocktailspießen oder in einem Partylöffel servieren.

Chipshappen mit Lachstatar

von Johann Lafer

Zutaten
für 30 Häppchen:

3 Stiele Dill

2-3 Schalotten

300 g Graved Lachs

1 Spritzer Limettensaft

1 EL Olivenöl mit Limone

1 TL mittelscharfer Senf, Salz

weißer Pfeffer aus der Mühle

Chili und Koriander
aus der Gewürzmühle

60 große gesalzene
Kartoffelchips

2 EL Crème fraîche

2 EL Lachskaviar
(aus dem Glas)

Zubereitung:

1 Den Dill waschen, trockenschütteln und die Spitzen abzupfen. Einige Dillspitzen zum Garnieren beiseite legen, den Rest fein hacken. Die Schalotten schälen und in kleine Würfel schneiden.

2 Den Lachs in sehr kleine Würfel schneiden und in einer Schüssel mit Limettensaft, Schalotten, Öl, Senf und dem gehackten Dill mischen. Das Lachstatar mit Salz, Pfeffer, Chili und Koriander würzen.

3 Mit einem Teelöffel jeweils 1 Klecks Tatar auf die Hälfte der Kartoffelchips setzen und mit einem zweiten Chip bedecken. Die Crème fraîche in einen Spritzbeutel mit Lochtülle füllen. Die Chipshappen mit Crème-fraîche-Tupfern, Lachskaviar und Dill garnieren.

Tipp

Wenn Sie keinen Spritzbeutel zur Hand haben, können Sie die Crème fraîche auch in einen Gefrierbeutel füllen und am unteren Ende eine Ecke abschneiden.

Putenrouladen mit Ananas-Chili-Mus

von Rainer Sass

**Zutaten
für 4 Personen:**

1 Ananas

4 große Champignons

8 Scheiben Putenbrust
(ca. 3 mm dick)

Salz, Pfeffer aus der Mühle

Cayennepfeffer

3 EL Olivenöl

2 EL Zitronensaft

1 rote Chilischote

Zucker

Zubereitung:

1 Die Ananas schälen und längs vierteln, die holzige Mitte herausschneiden und das Fruchtfleisch in Würfel schneiden, dabei den Saft auffangen. Die Champignons putzen, trocken abreiben und in dünne Scheiben schneiden. Das Putenfleisch waschen, trockentupfen und mit Salz, Pfeffer und Cayennepfeffer würzen. Die Hälfte der Ananaswürfel und die Pilze auf die Fleischscheiben verteilen.

2 Die Putenrouladen aufrollen und mit einem Zahnstocher feststecken. Öl und Zitronensaft in einer Pfanne erhitzen, mit Salz und Pfeffer würzen. Die Rouladen im Würzöl rundum goldbraun braten.

3 Für das Ananas-Chili-Mus die Chilischote längs halbieren, entkernen und waschen. Die restlichen Ananaswürfel mit 2 EL Ananassaft, der Chilischote, 1 Prise Zucker, Salz und Pfeffer in einen hohen Rührbecher geben und mit dem Stabmixer pürieren, bis ein süßlich scharfes Mus entsteht. Das Mus mit den Putenrouladen servieren.

Pochierte Eier mit Senfsauce

von Rainer Sass

**Zutaten
für 4 Personen:**

1/2 Bund Frühlingszwiebeln

1 Schalotte

1 EL Butter

200 ml Fleischbrühe

400 g Sahne

4 EL scharfer Senf

Salz

1 EL gehackte Petersilie

150 ml Weißwein

3-4 EL Weißweinessig

8-10 Eier

Zubereitung:

1 Die Frühlingszwiebeln putzen, waschen und in feine Ringe schneiden. Die Schalotte schälen und in kleine Würfel schneiden. Die Butter in einer tiefen Pfanne zerlassen, die Frühlingszwiebeln und die Schalotte darin andünsten. Die Fleischbrühe und die Sahne dazugießen, die Hitze reduzieren und den Senf unterrühren. Die Senfsauce 5 bis 7 Minuten sämig einköcheln lassen. Mit Salz und Petersilie würzen.

2 Den Weißwein und den Essig (kein Salz!) in einen Topf mit Wasser geben und aufkochen lassen. Die Eier jeweils vorsichtig in eine Tasse oder eine Schöpfkelle aufschlagen und langsam ins siedende Essigwasser gleiten lassen. Das Eiweiß sollte beim Kochen das Eigelb umhüllen, die Eier eventuell mit 2 Esslöffeln in Form bringen.

3 Die Eier nach 4 Minuten mit der Schaumkelle aus dem Wasser heben, auf Küchenpapier trocknen lassen und mit der Sauce servieren.

VORSPEISEN & SUPPEN | 29

Pilzsuppe mit Wacholder

von Sarah Wiener

Zutaten für 4 Personen:

- 20 g getrocknete Steinpilze
- 100 g Pfifferlinge
- 3 Scheiben Weißbrot
- ca. 100 ml Milch
- 2 EL Butter
- 2–3 Wacholderbeeren
- 1 EL Mehl
- 1 l Kalbsfond (oder Gemüsebrühe)
- Salz, Pfeffer aus der Mühle
- je 1 Msp. Muskatnuss und Zimtpulver
- 1 Eigelb
- 2 EL Sahne

Zubereitung:

1 Die Steinpilze in einer Schüssel mit kochendem Wasser übergießen und etwa 1 Stunde einweichen. Die Pfifferlinge putzen, trocken abreiben und in kleine Stücke schneiden. Die Weißbrotscheiben entrinden und klein schneiden. Die Milch erhitzen und das Brot in der heißen Milch einweichen.

2 Die Steinpilze durch ein Sieb abgießen, dabei das Einweichwasser auffangen. Die Steinpilze klein schneiden. In einer Pfanne 1 EL Butter zerlassen und die Pfifferlinge darin anbraten. Die Wacholderbeeren im Mörser zerdrücken und zu den Pfifferlingen geben. Die Steinpilze ebenfalls dazugeben und mit anbraten.

3 Die restliche Butter in einem Topf zerlassen und das Mehl darin unter Rühren hell anschwitzen. Den Kalbsfond und das Einweichwasser der Steinpilze dazugießen und aufkochen lassen. Das Brot dazugeben, die Steinpilze und die Pfifferlinge hinzufügen. Mit Salz, Pfeffer, Muskatnuss und Zimt abschmecken.

4 Das Eigelb mit der Sahne verquirlen und unter die Suppe rühren, dabei darf die Suppe nicht mehr kochen.

Tipp

Steinpilze kann man hervorragend selbst trocknen: Achten Sie aber darauf, dass die Pilze nicht von Parasiten befallen sind! Schneiden Sie sie in dünne Scheiben, fädeln Sie sie auf ein Stück Zwirn und hängen Sie sie über Ihren Kachelofen oder über die Heizung. Trocken und kühl lagern.

Carottes au lait mit Lachsplätzchen und Forellentrüffeln

von Ralf Zacherl

Zutaten für 4 Personen:

Carottes au lait:

400 g Karotten

50 g Ingwer

1 EL Öl

1 Zimtstange

Salz

100 ml trockener Weißwein

800 ml Gemüsebrühe

1 EL Ahornsirup

Kardamompulver

300 ml Milch

Zimtpulver

Plätzchen und Trüffel:

150 g geräucherter Lachs

1 geräuchertes Forellenfilet

3 EL Frischkäse

1 TL Wasabi

(ersatzweise Meerrettich)

Saft von 1/2 Zitrone

Salz, Pfeffer aus der Mühle

3 EL Walnusskerne

1/2 Packung runde

salzige Cracker

Zubereitung:

1 Für die Carottes au lait die Karotten putzen, schälen und in Stücke schneiden. Den Ingwer schälen und grob zerkleinern. In einer tiefen Pfanne das Öl erhitzen, Karotten und Ingwer darin andünsten. Die Zimtstange dazugeben, mit Salz würzen und den Weißwein dazugießen. Die Flüssigkeit einkochen lassen, danach die Gemüsebrühe angießen. Die Suppe bei mittlerer Hitze köcheln lassen, bis die Karotten weich sind.

2 Inzwischen für die Plätzchen und Trüffel den Lachs und das Forellenfilet in kleine Würfel schneiden und in zwei getrennte Schüsseln geben. Jeweils mit der Hälfte Frischkäse, Wasabi und Zitronensaft mischen und mit Salz und Pfeffer würzen. Aus der Forellenmasse mit angefeuchteten Händen kirschgroße Kugeln rollen. Die Walnüsse im Küchenmixer zerkleinern, die Forellentrüffel darin wälzen und kühl stellen.

3 Die Hälfte der Cracker mit der Lachsmasse bestreichen. Aus den restlichen Crackern kleine Kreise ausstechen (z. B. mit einem Apfelausstecher) und als Deckel darauf setzen. Die Lachsplätzchen nach Belieben mit schwarzen Oliven, Paprikawürfeln und Dill garnieren und kühl stellen.

4 Wenn die Karotten weich gekocht sind, die Zimtstange entfernen und die Suppe mit dem Stabmixer pürieren. Mit Ahornsirup, Kardamom und Salz abschmecken und durch ein feines Sieb passieren.

5 Die Milch erwärmen und mit dem Stabmixer aufschäumen. Die Suppe auf große Tassen verteilen, den Milchschaum mit einem Löffel darauf setzen und mit Zimt bestäuben. Die Carottes au lait sofort mit den Lachsplätzchen und den Forellentrüffeln servieren.

Tipp

Zur Abwechslung kann man die Forellentrüffel statt in Walnüssen auch in Schnittlauchröllchen, gehackten Mandeln oder Pistazien wälzen.

Kürbis-Cappuccino mit Zimt

von Ralf Zacherl

Zutaten für 4 Personen:

- 600 g Kürbis
- 1 Knoblauchzehe
- 1 Zwiebel
- 10 g Ingwer
- 2 EL Sonnenblumenöl
- 2 Zimtstangen
- Salz, Pfeffer aus der Mühle
- Muskatnuss
- 900 ml Gemüsebrühe
- 1 Spritzer Limettensaft
- ½ TL abgeriebene unbehandelte Limettenschale
- 200 ml Milch
- 2 TL Kardamomkapseln

Zubereitung:

1 Den Kürbis schälen und entkernen, das Fruchtfleisch in kleine Stücke schneiden. Knoblauch, Zwiebel und Ingwer schälen und in kleine Würfel schneiden. Das Öl in einem Topf erhitzen und die Zwiebel darin glasig dünsten. Kürbis, Knoblauch, Ingwer und Zimtstangen dazugeben und mit andünsten, mit Salz, Pfeffer und Muskatnuss würzen.

2 Die Gemüsebrühe angießen und bei mittlerer Hitze kochen lassen, bis der Kürbis weich ist. Die Zimtstangen entfernen, die Suppe mit dem Stabmixer pürieren und durch ein feines Sieb passieren. Die Kürbissuppe mit Limettensaft und -schale verfeinern und nochmals abschmecken.

3 Die Milch mit den angedrückten Kardamomkapseln erhitzen, sie sollte nicht kochen! Die warme Milch durch ein Sieb gießen und mit dem Stabmixer aufschäumen. Die Kürbissuppe auf große Tassen verteilen, jeweils etwas Milchschaum darüber geben und die Suppe sofort servieren.

Tipp

Für Suppen eignen sich Butternuss- oder Hokkaido-Kürbisse mit ihrem weichen, aromatischen Fruchtfleisch am besten. Achtung beim Einkauf: Ganze Kürbisse sollten eine tadellose Schale ohne Druckstellen haben.

VORSPEISEN & SUPPEN | 33

Linsensuppe mit Parmaschinken

von Johann Lafer

Zutaten für 4 Personen:

200 g braune Linsen
2 Schalotten
2 Knoblauchzehen
1 Karotte
50 g Knollensellerie
100 g Butter
1 l Geflügelfond
100 g Sahne
Salz, Pfeffer aus der Mühle
1 EL Senf
2 Stiele Kerbel
3 EL Aceto balsamico
1 EL gehackte Petersilie
4 Scheiben Parmaschinken

Zubereitung:

1 Die Linsen über Nacht in kaltem Wasser einweichen. Schalotten und Knoblauch schälen, Karotte und Sellerie putzen und schälen. Alle Gemüsesorten in kleine Würfel schneiden.

2 Die Hälfte der Butter in einem Topf zerlassen und die Gemüsewürfel darin andünsten. Die Linsen in ein Sieb abgießen und dazugeben. Den Geflügelfond dazugießen und die Suppe bei mittlerer Hitze 15 Minuten köcheln lassen. Anschließend durch ein grobes Sieb in einen anderen Topf gießen, dabei die Hälfte der Linsen zurückbehalten, die andere Hälfte zurück in die Suppe geben.

3 Die Sahne zur Suppe gießen, weitere 4 Minuten köcheln lassen, mit Salz und Pfeffer kräftig würzen. Die Linsensuppe mit dem Senf im Küchenmixer oder mit dem Stabmixer pürieren und durch ein feines Sieb passieren. Den Kerbel waschen und trockenschütteln, die Blätter von den Stielen zupfen und zum Garnieren beiseite legen.

4 Die zurückbehaltenen Linsen mit dem Essig in einem weiteren Topf einkochen, bis die Flüssigkeit verdampft ist. Die restliche Butter unterrühren, mit Salz und Pfeffer würzen und die Petersilie unterheben.

5 Die Balsamicolinsen jeweils in einem Metallring in die Mitte eines tiefen Tellers setzen und je 1 Scheibe Schinken darauf legen. Den Ring entfernen. Die Suppe mit dem Stabmixer aufschäumen, um die Linsen herum in den Tellern verteilen und mit Kerbel garnieren.

Tipp

Salzen Sie die Linsensuppe bitte immer erst nach dem Garen. Wenn man Salz ins Kochwasser gibt, werden die Hülsenfrüchte nicht weich.

Kleine Gerichte

Brotsalat mit Tomaten und Ananas

von Johann Lafer

Zutaten
für 4–6 Personen:

1 Ananas

20 Cocktailtomaten

2 rote Zwiebeln

4 Knoblauchzehen

200 g Ciabatta

je 2 Zweige Rosmarin

und Thymian

8 EL Olivenöl

2 Poulardenbrüste

Salz

weißer Pfeffer aus der Mühle

8 EL Olivenöl mit Limone

6 EL Balsamico bianco

Zucker

1 Bund Basilikum

Zubereitung:

1 Die Ananas schälen, längs vierteln und die holzige Mitte herausschneiden, das Fruchtfleisch in kleine Stücke schneiden. Die Cocktailtomaten waschen und halbieren. Die Zwiebeln schälen und in feine Ringe schneiden. Alles in eine große Salatschüssel geben.

2 Den Knoblauch schälen, 2 Zehen in kleine Würfel schneiden, die restlichen Zehen beiseite legen. Das Ciabatta in mundgerechte Stücke schneiden. Rosmarin und Thymian waschen und trockenschütteln. In einer beschichteten Pfanne 5 EL Olivenöl erhitzen, je 1 Rosmarin- und Thymianzweig darin anbraten. Ciabatta und Knoblauchwürfel dazugeben und goldbraun braten. Die Kräuterzweige entfernen und die Brotwürfel mit dem Knoblauch in die Salatschüssel geben.

3 Die Poulardenbrüste waschen, trockentupfen und quer zur Faser in dünne Streifen schneiden. In der Pfanne das restliche Olivenöl erhitzen und das Fleisch darin kurz anbraten. Die restlichen Knoblauchzehen leicht andrücken und mit den übrigen Kräuterzweigen dazugeben. Die Poulardenstreifen 3 bis 5 Minuten rundum fertig braten, mit Salz und Pfeffer würzen. Die Kräuter und den Knoblauch entfernen und das Fleisch ebenfalls in die Salatschüssel geben.

4 Das Olivenöl mit Limone mit dem Essig zu einem Dressing anrühren, mit Salz, Pfeffer und 1 Prise Zucker abschmecken und über den Salat gießen. Das Basilikum waschen und trockenschütteln, die Blätter von den Stielen zupfen und zu dem Brotsalat geben. Alles gut durchmischen und vor dem Servieren noch einmal abschmecken.

Tipp

Anstelle des Ciabatta-Brotes können Sie auch Brötchen oder Baguette vom Vortag verwenden. Achten Sie darauf, dass die Brotstücke rundum gut geröstet sind: Das Dressing kann sie dann nicht so schnell aufweichen.

Backhendl mit Kartoffelsalat

von Johann Lafer

Zutaten
für 4 Personen:

Kartoffelsalat:

600 g fest kochende Kartoffeln

Salz, 1 Salatgurke

30 g magerer Speck

1–2 Schalotten

1 EL Butter

7 EL Balsamico bianco

200 ml Fleischbrühe

1 EL mittelscharfer Senf

weißer Pfeffer aus der Mühle

6 EL Pflanzenöl

4 EL Kürbiskernöl

Backhendl:

2 küchenfertige Stubenküken

Salz

weißer Pfeffer aus der Mühle

300 g Butterschmalz

2 Eier

1 EL geschlagene Sahne

90 g Mehl

150 g Semmelbrösel

2 Stiele Petersilie

4 Zitronenscheiben

Zubereitung:

1 Für den Kartoffelsalat die Kartoffeln mit Schale in Salzwasser gar kochen, abgießen und pellen. In dünne Scheiben schneiden und in eine Schüssel geben. Die Gurke schälen, längs halbieren und entkernen. Die Gurkenhälften ebenfalls in dünne Scheiben schneiden und zu den Kartoffeln geben.

2 Den Speck in kleine Würfel schneiden. Die Schalotten schälen und ebenfalls in kleine Würfel schneiden. Die Butter in einem Topf zerlassen, Speck- und Schalottenwürfel darin anbraten. Den Essig und die Fleischbrühe dazugießen und etwas einkochen lassen. Den Senf unterrühren und die Marinade mit Salz und Pfeffer würzen. Kartoffeln und Gurken mit der heißen Marinade und dem Pflanzenöl gut mischen. Den Kartoffelsalat etwa 30 Minuten durchziehen lassen.

3 Für die Backhendl die Stubenküken innen und außen waschen und gut trockentupfen. Die Küken in das Brustfleisch samt anhängenden Flügeln sowie in die Keulen zerlegen. Aus den Oberschenkeln die Knochen auslösen. Die Kükenteile mit Salz und Pfeffer würzen.

4 Das Butterschmalz in einer Pfanne mit hohem Rand auf 170 °C erhitzen. Die Eier in einem tiefen Teller verquirlen und die geschlagene Sahne unterheben. Die Kükenteile zuerst im Mehl wenden, dann durch die verquirlten Eier ziehen und zuletzt mit den Semmelbröseln panieren. Die Kükenteile portionsweise im Butterschmalz goldgelb ausbacken, dann auf Küchenpapier abtropfen lassen. Die Petersilie waschen und trockenschütteln, ebenfalls im heißen Fett frittieren und auf Küchenpapier abtropfen lassen.

5 Den Kartoffelsalat noch einmal abschmecken, auf Tellern anrichten und mit je 1 EL Kürbiskernöl beträufeln. Je 1 Brust- und Keulenstück darauf setzen, mit der frittierten Petersilie und den Zitronenscheiben garnieren.

Tipp

Die geschlagene Sahne in der Eiermischung verhindert, dass die Eier beim Ausbacken zu schnell stocken. So geht die Panade besser auf.

KLEINE GERICHTE | 39

Auberginen-Paprika-Salat
mit Tomaten und Rosinen

von Sarah Wiener

Zutaten
für 4 Personen:

2 geh. EL Rosinen

2 Auberginen

Salz

ca. 2 EL Mehl

2 gelbe Paprikaschoten

4 Tomaten

2 Knoblauchzehen

2 eingelegte Sardellenfilets

5 EL Olivenöl

(oder Rapsöl)

2 EL Tomatenmark

1/8 l Weißwein

1 kleines Bund Minze

Pfeffer aus der Mühle

1 TL Zitronensaft

2 EL saure Sahne

Zubereitung:

1 Die Rosinen in warmem Wasser einweichen. Die Auberginen putzen und waschen, zuerst in 1 1/2 cm dicke Scheiben, dann in Würfel schneiden. Die Auberginenwürfel in ein Sieb geben, mit reichlich Salz bestreuen und stehen lassen, bis sie Wasser ziehen (so werden den Auberginen die Bitterstoffe entzogen). Die Auberginen mit Küchenpapier trockentupfen und mit Mehl bestäuben. Die Paprikaschoten längs halbieren, entkernen, waschen und in etwa 2 cm große Würfel schneiden. Die Tomaten waschen und in Würfel schneiden, dabei den Stielansatz entfernen. Den Knoblauch schälen und ebenso wie die Sardellenfilets fein hacken.

2 In einer Pfanne 3 EL Öl erhitzen und die Auberginenwürfel darin rundum goldbraun braten, anschließend auf Küchenpapier abtropfen lassen.

3 Die Pfanne säubern, dann das restliche Öl darin erhitzen. Den Knoblauch und die Sardellenfilets darin anbraten, bis sich die Filets aufgelöst haben. Dann das Tomatenmark und den Weißwein unterrühren. Die Paprikawürfel dazugeben und bei mittlerer Hitze etwa 5 Minuten schmoren lassen. Die Tomatenwürfel dazugeben und weitere 5 Minuten schmoren. Zuletzt die Rosinen abgießen und dazugeben.

4 Die Minze waschen und trockenschütteln, die Blätter von den Stielen zupfen. Tomaten und Paprika in eine Schüssel geben und die Auberginen untermischen. Mit Salz, Pfeffer und Zitronensaft würzen und die Minze unterheben. Die saure Sahne glatt rühren und in Klecksen auf dem Salat verteilen.

Tipp

Auch wenn es etwas merkwürdig klingt: Wenn man Rosinen nicht mag, kann man für dieses Rezept stattdessen sehr gut Kapern nehmen.

Spaghetti mit Artischocken und Kapern

von Sarah Wiener

**Zutaten
für 4 Personen:**

4 Zitronen

4-6 kleine Artischocken

2 Knoblauchzehen

1/8 l Olivenöl

2 eingelegte Sardellenfilets

1/8 l Weißwein

3 EL in Salz eingelegte Kapern

1 rote Chilischote

Pfeffer aus der Mühle

Meersalz aus der Mühle

500 g Spaghetti

Salz

1 Bund Petersilie

ca. 100 g Parmesan (am Stück)

ca. 125 g getrocknete,

in Öl eingelegte Tomaten

ca. 100 g kleine grüne Oliven

Zubereitung:

1 Die Zitronen halbieren, den Saft von 3 1/2 Früchten auspressen und in eine Schale gießen. Die Artischocken waschen, die holzigen äußeren Blätter entfernen und den Stiel schälen. Die Artischocken vierteln und das Heu entfernen. Alle Schnittstellen der Artischocken sofort in Zitronensaft tauchen, damit sie sich nicht bräunlich verfärben.

2 Den Knoblauch schälen und in kleine Würfel schneiden. Das Öl in einer Pfanne erhitzen, den Knoblauch und die Sardellenfilets darin anbraten, bis sich die Filets aufgelöst haben. Den Weißwein und 2 bis 3 EL Wasser dazugießen. Die Artischocken dazugeben und offen etwa 15 Minuten köcheln lassen, bis sie weich sind.

3 Die Kapern gründlich mit Wasser abspülen und nach etwa 10 Minuten zu den Artischocken geben. Die Chilischote waschen und die Schale zwei- bis dreimal leicht einritzen. Die Schote je nach gewünschter Schärfe einige Minuten mitköcheln und dann wieder entfernen. Zuletzt die Sauce mit Pfeffer und wenig Meersalz würzen (Vorsicht: Kapern und Sardellen sind bereits salzig!).

4 Die Spaghetti in reichlich kochendem Salzwasser nach Packungsanweisung bissfest garen. Die Petersilie waschen und trockenschütteln, die Blätter von den Stielen zupfen und fein hacken. Den Parmesan mit dem Sparschäler in feine Späne hobeln. Die Tomaten auf Küchenpapier abtropfen lassen und in möglichst feine Streifen schneiden.

5 Die Spaghetti in ein Sieb abgießen, abtropfen lassen und in eine Schüssel geben. Mit der Artischockensauce sowie jeweils der Hälfte der Petersilie und der Parmesanspäne mischen. Die Spaghetti in tiefen Tellern anrichten und mit dem restlichen Parmesan, der übrigen Petersilie, den Oliven und den Tomatenstreifen bestreuen. Aus der restlichen Zitronenhälfte einige Spritzer Saft über jede Portion träufeln und sofort servieren.

Pasta al limone

von Sarah Wiener

Zutaten für 4 Personen:

500 g Nudeln (z. B. Linguine)
1 EL Zitronensaft
1 Bund Basilikum
1 Knoblauchzehe
2 Eier (möglichst Bio-Eier)
Salz, Pfeffer aus der Mühle
4 EL geriebener Parmesan
3 EL Olivenöl
1 EL Peperoncino-Öl
(Olio piccante)
Saft von 1/2 Limette
(ersatzweise Zitronensaft)

Zubereitung:

1. Die Nudeln in reichlich kochendem Salzwasser mit dem Zitronensaft nach Packungsanweisung bissfest garen.

2. Das Basilikum waschen und trockenschütteln, die Blätter von den Stielen zupfen und fein hacken. Den Knoblauch schälen und in kleine Würfel schneiden.

3. Die Eier mit Salz und Pfeffer im Küchenmixer oder mit dem Stabmixer schaumig schlagen. Dabei den Parmesan, den Knoblauch und beide Ölsorten nach und nach dazugeben und immer weiterschlagen. Dann das Basilikum unterheben und den Limettensaft unterrühren.

4. Die Nudeln in ein Sieb abgießen und abtropfen lassen. Die Hälfte der Limettensauce in den Topf gießen, die Nudeln dazugeben und mit der restlichen Limettensauce gut vermischen.

Tipp

Peperoncino-Öl können Sie leicht selbst herstellen: Einfach einige gewaschene und angeritzte Chilischoten in ein gutes, kalt gepresstes Oliven- oder Pflanzenöl geben. Das Öl mindestens 3 bis 4 Tage stehen lassen. Kühl und dunkel lagern.

KLEINE GERICHTE | 43

Spaghetti mit Sauce bolognese

von Johannes B. Kerner

Zutaten für 4 Personen:

1 weiße Zwiebel
2 Karotten
3-4 Stangen Staudensellerie
je 1 Bund Petersilie und Basilikum
40 g Butter
400 g gemischtes Hackfleisch
2 EL Tomatenmark
100 ml Rotwein
200 ml Gemüsebrühe
240 g geschälte Tomaten (aus der Dose)
Salz, Pfeffer aus der Mühle
Cayennepfeffer
50 g Sahne
400 g Spaghetti
geriebener Parmesan

Zubereitung:

1 Die Zwiebel schälen, die Karotten putzen und schälen, den Staudensellerie putzen und waschen. Alles in kleine Würfel schneiden. Petersilie und Basilikum waschen und trockenschütteln, die Blätter von den Stielen zupfen und fein hacken. 1 EL Kräuter zum Garnieren beiseite stellen.

2 Die Butter in einem Topf zerlassen und die Zwiebel darin glasig dünsten. Die Karotten und den Sellerie dazugeben und kurz mitdünsten. Das Hackfleisch hinzufügen und unter Rühren 2 bis 3 Minuten braten, bis es krümelig ist. Das Tomatenmark unterrühren.

3 Den Rotwein und die Gemüsebrühe dazugießen und etwas einkochen lassen. Die Tomaten (samt Saft) dazugeben und mit einer Gabel zerdrücken. Die Kräuter in die Sauce geben und mit Salz, Pfeffer und Cayennepfeffer würzen. Zugedeckt bei schwacher Hitze etwa 20 Minuten köcheln lassen. 5 Minuten vor Ende der Garzeit die Sahne unterrühren.

4 Die Spaghetti in reichlich kochendem Salzwasser nach Packungsanweisung bissfest garen, in ein Sieb abgießen und abtropfen lassen. Die Sauce abschmecken und mit den Spaghetti anrichten, mit den beiseite gelegten Kräutern garnieren und den Parmesan dazu servieren.

Tipp

Die Sauce bolognese kann man auch nur mit Wein oder nur mit Brühe zubereiten. Richtig edel wird die Sauce, wenn man 50 g Parmaschinken in Würfel schneidet und mit dem Hackfleisch anbrät.

KLEINE GERICHTE

Linguine »Fernweh«

von Ralf Zacherl

**Zutaten
für 4 Personen:**

300 g Linguine

Salz

2 Zwiebeln

2 Knoblauchzehen

15 g Ingwer

2 rote Peperoni

3 Zweige Zitronenthymian

100 g Shiitake-Pilze

3 EL Cashewkerne

½ TL Korianderkörner

16 Cocktailtomaten

2 unbehandelte Zitronen

3 kleine Köpfe Pak-Choi

4-5 EL Olivenöl

Pfeffer aus der Mühle

½ Bund Koriander

300 g vorgegarte Eismeer-
garnelen

Zubereitung:

1 Die Linguine in reichlich kochendem Salzwasser nach Packungs-anweisung bissfest garen, in ein Sieb abgießen und abtropfen lassen.

2 Die Zwiebeln schälen und in feine Streifen schneiden. Den Knoblauch und den Ingwer schälen, die Peperoni längs halbieren, entkernen und waschen. Alles in kleine Würfel schneiden. Den Thymian waschen und trockenschütteln. Die Pilze putzen und trocken abreiben, die Stiele herausdrehen und die Hüte in Streifen schneiden.

3 In einer beschichteten Pfanne ohne Fett zuerst die Cashewkerne, dann die Korianderkörner anrösten. Die Korianderkörner im Mörser zermahlen. Die Cocktailtomaten waschen und halbieren. Die Zitronen heiß waschen, trockenreiben und die Schale fein abreiben. 1 Zitrone halbieren und etwas Saft auspressen. Den Pak-Choi putzen, waschen und in Stücke schneiden.

4 In einer Pfanne 2 bis 3 EL Öl erhitzen und die Zwiebeln darin glasig dünsten. Knoblauch, Ingwer, Pilze, Peperoni, Thymianzweige und Cashewkerne dazugeben und etwa 2 Minuten mitdünsten. Mit Salz, Pfeffer und dem gemahlenen Koriander würzen. Die Tomaten dazu-geben, die Hitze reduzieren und alles bei ganz schwacher Hitze etwa 4 Minuten ziehen lassen.

5 Den Koriander waschen und trockenschütteln, die Blätter von den Stielen zupfen und fein hacken. Garnelen, Pak-Choi, abgeriebene Zitronenschale und gehackten Koriander unter die Sauce rühren. Mit Zitronensaft und dem restlichen Öl beträufeln. Alles kurz auf-kochen, nach Belieben noch einmal abschmecken und mit den ab-getropften Linguine mischen. Die Thymianzweige entfernen und die Linguine sofort servieren.

Tipp

Pak-Choi wird wegen seiner leichten Senfnote auch Senfkohl genannt und ist das am häufigsten verwendete Gemüse in der fernöstlichen Küche. Sie bekommen Pak-Choi im Asia-laden – ersatzweise kann man China-kohl verwenden.

Glasnudelsalat mit Tofu und Gemüse

von Sarah Wiener

Zutaten
für 4 Personen:

100 g Glasnudeln

1/2 Stange Zitronengras

250 g Tofu

120 g Sojabohnensprossen

je 15 g Ingwer und Galgant

2 Knoblauchzehen

1/2 rote Chilischote

150 g rote Paprikaschote

50 g Lauch

50 g Brokkoli

1 Karotte

1 Bund Thai-Basilikum

1 Bund Koriander

4 EL Erdnussöl

3 EL helle Sojasauce

1 EL dunkle Sojasauce

2 Frühlingszwiebeln

1 unbehandelte Limette

2 EL thailändische Fischsauce

Zubereitung:

1 Die Glasnudeln in einer Schüssel mit kochendem Wasser übergießen und nach Packungsanweisung quellen lassen. Die Nudeln in ein Sieb abgießen, kalt abschrecken und gut abtropfen lassen.

2 Das Zitronengras putzen, waschen und hacken. Den Tofu in Würfel schneiden, mit dem Zitronengras mischen und beiseite stellen. Die Sojabohnensprossen in einem Sieb heiß abbrausen und abtropfen lassen.

3 Ingwer, Galgant und Knoblauch schälen, die Chilischote entkernen und waschen. Alles in sehr kleine Würfel schneiden. Paprika, Lauch und Brokkoli putzen und waschen, die Karotte putzen und schälen. Das Gemüse klein schneiden. Thai-Basilikum und Koriander waschen und trockenschütteln, die Blätter abzupfen und grob hacken.

4 Das Öl in einer Pfanne oder im Wok erhitzen, Chili, Knoblauch, Ingwer und Galgant darin anbraten. Das Gemüse hinzufügen und alles unter Rühren 2 bis 3 Minuten braten. Die Tofuwürfel und die beiden Sojasaucen dazugeben. Die Sojabohnensprossen unterheben und kurz mitbraten.

5 Die Frühlingszwiebeln putzen, waschen und in Ringe schneiden. Mit dem Thai-Basilikum zum Tofugemüse geben. Die Limette heiß waschen und trockenreiben. Etwas Schale fein abreiben, dann die Frucht halbieren und den Saft auspressen. Die Glasnudeln unter das Tofugemüse heben, mit Fischsauce, Limettensaft und Limettenschale abschmecken. Den Glasnudelsalat mit dem Koriander garnieren.

Tipp

Der Glasnudelsalat schmeckt kalt oder warm – besonders dekorativ sieht es aus, wenn man ihn auf einem Bananenblatt serviert. Die Gemüsesorten kann man ganz nach Laune und Geschmack variieren. Und wer auf den Tofu verzichten möchte, ersetzt ihn durch Fisch (z. B. Red Snapper).

KLEINE GERICHTE | 47

Spaghetti mit gebratenem Gemüse
von Johannes B. Kerner

Zutaten für 4 Personen:

- je 1 rote und gelbe Paprikaschote
- 2 kleine Zucchini
- 2 rote Zwiebeln
- 4 EL Olivenöl
- Salz, Pfeffer aus der Mühle
- 2–3 EL Aceto balsamico
- 400 g Spaghetti
- 1 Bund Petersilie
- 100 g Pecorino (am Stück)

Zubereitung:

1. Die Paprikaschoten längs halbieren, entkernen, waschen und in etwa 2 cm große Stücke schneiden. Die Zucchini putzen, waschen und in dünne Scheiben schneiden. Die Zwiebeln schälen und in feine Streifen schneiden.

2. Das Öl in einer großen Pfanne erhitzen und das Gemüse darin unter Rühren anbraten. Mit Salz, Pfeffer und dem Essig würzen.

3. Die Spaghetti in reichlich kochendem Salzwasser nach Packungsanweisung bissfest garen. Die Petersilie waschen und trockenschütteln, die Blätter von den Stielen zupfen und fein hacken. Den Pecorino mit dem Sparschäler in feine Späne hobeln.

4. Die Spaghetti in ein Sieb abgießen, mit dem gebratenen Gemüse und der Petersilie mischen. Mit den Pecorinospänen bestreut servieren.

Tipp

Das gebratene Gemüse schmeckt auch mit Baguette sehr gut. Wer es würzig mag, gibt zuletzt noch Kapern und/oder Oliven mit in die Pfanne.

Gefüllte Nudeln **mit Erdäpfelschmand**

von Sarah Wiener

Zutaten
für 4 Personen:

250 g Mehl

(und Mehl für die Arbeitsfläche)

250 g mehlig kochende

Kartoffeln

Salz

4 Zwiebeln

50 g durchwachsener Speck

2 EL Pflanzenöl

1 Bund Petersilie

1 Knoblauchzehe

1 EL Schmand

Pfeffer aus der Mühle

je 1/2 TL Muskatnuss und

gemahlener Koriander

100 g Butter

Zubereitung:

1 Das Mehl mit 180 ml heißem Wasser zu einem glatten, aber festen Nudelteig verkneten. Den Teig etwa 20 Minuten ruhen lassen. Dann auf einer bemehlten Arbeitsfläche dünn ausrollen und mit einem Ausstecher oder einem großen Glas Kreise von etwa 6 cm Durchmesser ausstechen.

2 Für die Füllung die Kartoffeln schälen, klein schneiden und in Salzwasser gar kochen. 1 Zwiebel schälen und ebenso wie den Speck in kleine Würfel schneiden. Das Öl in einer Pfanne erhitzen, die Zwiebel- und Speckwürfel darin anbraten. Die Petersilie waschen und trockenschütteln, die Blätter von den Stielen zupfen und hacken. Den Knoblauch schälen und in kleine Würfel schneiden.

3 Die gegarten Kartoffeln abgießen, mit dem Kartoffelstampfer zerdrücken und die Zwiebel-Speck-Mischung unterrühren. Schmand, Petersilie und Knoblauch untermischen. Den Kartoffelschmand mit Salz, Pfeffer, Muskatnuss und Koriander würzen.

4 Die Kartoffelfüllung auf die unteren Hälften der Teigkreise verteilen. Den Teig über der Füllung zusammenklappen und die Ränder fest andrücken. Die gefüllten Nudeln in leicht siedendem Salzwasser garen. Sie sind fertig, wenn sie nach oben steigen.

5 Die restlichen Zwiebeln schälen und in kleine Würfel schneiden. Die Butter in einem Topf zerlassen und die Zwiebeln darin bei schwacher Hitze etwa 15 Minuten dünsten. Dabei ab und zu umrühren, damit sie nicht zu dunkel werden. Die gefüllten Nudeln auf Tellern anrichten und die Zwiebeln darüber verteilen. Dazu passt ein grüner Salat.

Tipp

Die Teigränder kleben besser aufeinander, wenn Sie sie mit Eiweiß, verquirltem Ei, Wasser (oder Wasser, mit wenig Speisestärke vermischt) bepinseln. Fette (Öle, Butter...) haben den gegenteiligen Effekt!

Maultaschen mit Mettwurst und Spinat

von Ralf Zacherl

Zutaten
für 4 Personen:

300 g Blattspinat
(frisch oder tiefgekühlt)

3 Eier

3 Eigelb

1–2 EL Rapsöl

Salz

400 g Mehl

(und Mehl für die Arbeitsfläche)

3 Zwiebeln

300 g grobe Mettwurst

3 EL Butter

3 EL Semmelbrösel

Pfeffer aus der Mühle

1 l Gemüsebrühe

1 Kästchen Kresse

Zubereitung:

1 Den Spinat putzen, waschen, trockenschleudern (oder einfach auftauen lassen) und grob hacken.

2 Für den Nudelteig die Eier, 2 Eigelbe, Öl und Salz in einer Schüssel gut verrühren. Danach 5 EL Mehl dazugeben und alles zu einem dünnen, glatten Teig verrühren. Die Masse zu dem restlichen Mehl geben und gut vermengen. Den Teig so lange kneten, bis er glatt und glänzend ist. Am besten in eine Plastiktüte geben, gut verschließen und im Kühlschrank etwa 30 Minuten ruhen lassen.

3 Die Zwiebeln schälen und in kleine Würfel schneiden. Die Mettwurst ebenfalls in kleine Würfel schneiden. Die Hälfte der Butter in einem Topf zerlassen und ein Drittel der Zwiebeln darin glasig dünsten. Den Spinat und ein Drittel der Semmelbrösel dazugeben und mitdünsten, die Füllung mit Salz und Pfeffer würzen. Vom Herd nehmen, die Mettwurst untermischen und die Masse abkühlen lassen.

4 Den Nudelteig auf einer bemehlten Arbeitsfläche möglichst dünn ausrollen und Rechtecke von 6 x 13 cm ausschneiden. Jeweils etwa 2 EL Füllung auf die untere Hälfte der Teigrechtecke geben. Das restliche Eigelb mit etwas Wasser verquirlen und die Teigränder damit bestreichen. Die Rechtecke über der Füllung zusammenklappen und die Ränder fest andrücken.

5 Die Gemüsebrühe in einem Topf zum Kochen bringen und die Maultaschen vorsichtig hineingeben. Die Hitze reduzieren und die Maultaschen bei schwacher Hitze etwa 15 Minuten gar ziehen lassen (nicht kochen, da die Maultaschen aufplatzen könnten!).

6 Die restliche Butter zerlassen, die restlichen Zwiebeln darin goldbraun braten und die übrigen Semmelbrösel dazugeben. Die Kresse vom Beet schneiden, waschen, trockentupfen und auf tiefe Teller verteilen. Die Maultaschen mit einer Schaumkelle aus der Brühe heben und darauf anrichten. Etwas Brühe zu den Maultaschen gießen und die Zwiebel-Brösel-Mischung darüber geben.

Tiroler Speckknödel mit Pilzgulasch

von Sarah Wiener

Zutaten
für 4 Personen:

Speckknödel:

250 g Tiroler Bauernspeck

6 Brötchen (vom Vortag)

2 Schalotten

1 Bund Petersilie

1 Bund Schnittlauch

ca. 60 g Butter

1/4 l Milch

2 Eier

Meersalz aus der Mühle

Pfeffer aus der Mühle

60 g Mehl, Salz

Pilzgulasch:

600 g gemischte Pilze
(Pfifferlinge, Austernpilze,
Steinpilze)

ca. 200 g Zwiebeln

3-4 Zweige Majoran

2 EL Butter

Meersalz aus der Mühle

Pfeffer aus der Mühle

2 TL Paprikapulver (edelsüß)

1 Msp. Cayennepfeffer

ca. 150 g Sahne

4 EL geriebener Parmesan

Zubereitung:

1 Für die Speckknödel den Speck und die Brötchen in kleine Würfel schneiden. Die Schalotten schälen und ebenfalls in kleine Würfel schneiden. Petersilie und Schnittlauch waschen und trockenschütteln. Die Petersilienblätter von den Stielen zupfen und grob hacken, den Schnittlauch in Röllchen schneiden.

2 Die Hälfte der Butter in einer Pfanne zerlassen, die Speck- und Schalottenwürfel darin anbraten. Die Brötchenwürfel und zuletzt die Petersilie dazugeben und mit anrösten. Alles in eine große Schüssel geben. Die Milch mit den Eiern, Meersalz und Pfeffer verquirlen und über die Brötchen-Speck-Masse gießen. Das Mehl untermischen und aus der Masse mit angefeuchteten Händen Knödel formen.

3 In einem Topf reichlich Salzwasser zum Kochen bringen und die Knödel darin bei schwacher Hitze 10 bis 15 Minuten gar ziehen lassen. Die restliche Butter in einer Pfanne zerlassen und den Schnittlauch dazugeben. Die Knödel mit einer Schaumkelle herausheben, abtropfen lassen und einzeln in der Schnittlauchbutter schwenken.

4 Für das Pilzgulasch die Pilze putzen, trocken abreiben und in dünne Scheiben schneiden. Die Zwiebeln schälen und in kleine Würfel schneiden. Den Majoran waschen und trockenschütteln, die Blätter von den Zweigen zupfen und fein hacken.

5 Die Butter zerlassen und die Zwiebeln darin glasig dünsten. Die Pilze dazugeben und mitdünsten, bis die Flüssigkeit verdampft ist. Mit Meersalz, Pfeffer, Paprika, Cayennepfeffer und Majoran abschmecken. Zum Schluss die Sahne und den Parmesan dazugeben und das Pilzgulasch mit den Knödeln auf tiefen Tellern anrichten.

Tipp

*Man kann für die Knödel statt Speck
auch Bratenreste nehmen.*

Serviettenknödel mit Pfifferlingragout

von Johannes B. Kerner

Zutaten
für 4 Personen:

Serviettenknödel:

5 Scheiben Toastbrot

80 g Butter

250 g Mehl

(und Mehl für die Arbeitsfläche)

Salz, Muskatnuss

$1/2$ Würfel Hefe (21 g)

175 ml lauwarme Milch

1 Ei, 1 Eigelb

zerlassene Butter

zum Bestreichen

Pfifferlingragout:

500 g Pfifferlinge

1 Zwiebel

125 g durchwachsener Speck

2 EL Butter

Salz, Pfeffer aus der Mühle

200 g Sahne

1 TL Speisestärke

2 EL gehackte Petersilie

Zubereitung:

1 Für die Serviettenknödel das Toastbrot in Würfel schneiden. Die Butter in einer Pfanne zerlassen und die Brotwürfel darin goldbraun braten. Das Mehl in einer Schüssel mit $1/2$ TL Salz und etwas Muskatnuss mischen. Die Hefe in der Milch auflösen und mit dem Ei und dem Eigelb unter das Mehl rühren. Alles zu einem glatten Teig kneten. Die Brotwürfel untermischen und den Teig an einem warmen Ort etwa 20 Minuten gehen lassen.

2 Drei Stoffservietten etwas anfeuchten und mit flüssiger Butter bestreichen. Den Teig auf einer bemehlten Arbeitsfläche zu 3 etwa 10 cm langen Rollen formen. Die Teigrollen locker in die Servietten einschlagen und nochmals 25 Minuten gehen lassen. Dann nicht zu fest in die Servietten wickeln und die Serviettenenden locker zusammenbinden, damit der Teig beim Garen noch aufgehen kann.

3 Reichlich Salzwasser zum Kochen bringen und die Knödelrollen darin bei schwacher Hitze etwa 35 Minuten gar ziehen lassen, dabei häufiger wenden.

4 Für das Pfifferlingragout die Pilze putzen und trocken abreiben. Die Zwiebel schälen und in kleine Würfel schneiden. Den Speck ebenfalls in kleine Würfel schneiden.

5 Die Butter in einer Pfanne zerlassen und den Speck darin knusprig braun braten. Die Zwiebelwürfel und die Pfifferlinge dazugeben und bei starker Hitze kurz anbraten, mit Salz und Pfeffer würzen. Die Sahne zu den Pilzen geben und kurz aufkochen lassen. Die Stärke mit etwas kaltem Wasser anrühren und die Sauce damit binden, dann die Petersilie unterrühren.

6 Die Serviettenknödel mit einer Schaumkelle aus dem Kochwasser nehmen und abtropfen lassen. Aus den Servietten lösen und mit einem scharfen Messer in Scheiben schneiden. Die Knödelscheiben mit dem Pfifferlingragout servieren.

KLEINE GERICHTE | 53

Pfifferlingrisotto mit Blaubeeren

von Johannes B. Kerner

Zutaten für 4 Personen:

- 400 g Pfifferlinge
- 3 Schalotten
- 2 Knoblauchzehen
- 2 Stiele Thymian
- 80 g Butter
- Salz, Pfeffer aus der Mühle
- ½ EL gehackte Petersilie
- Saft von ½ Zitrone
- 2 EL Olivenöl
- 250 g Risottoreis
- 100 ml Weißwein
- ¾ l heißer Pilzfond
- 50 g geriebener Parmesan
- 100 g Blaubeeren
- 2 EL geschlagene Sahne

Zubereitung:

1 Die Pfifferlinge putzen und trocken abreiben. Die Schalotten und den Knoblauch schälen und in kleine Würfel schneiden. Den Thymian waschen und trockenschütteln. In einer Pfanne die Hälfte der Butter zerlassen, die Pfifferlinge, jeweils die Hälfte der Schalotten- und Knoblauchwürfel und den Thymian darin anbraten. Mit Salz und Pfeffer würzen. Die Petersilie und den Zitronensaft unterrühren. Die Thymianzweige entfernen und die Pilze etwas abkühlen lassen.

2 Das Öl in einem Topf erhitzen, die restlichen Schalotten- und Knoblauchwürfel darin glasig dünsten. Den Reis dazugeben und ebenfalls glasig dünsten. Mit dem Weißwein ablöschen und etwa ein Viertel des Pilzfonds angießen. Bei mittlerer Hitze so lange köcheln lassen, bis der Reis die Flüssigkeit vollständig aufgesaugt hat, dabei öfter umrühren. Dann wieder einen Teil des Fonds angießen und so fortfahren, bis der Pilzfond aufgebraucht ist.

3 Die Hälfte der Pfifferlinge klein hacken. Nach etwa 20 Minuten, wenn der Reis gar ist, aber noch etwas Biss hat, die ganzen und die gehackten Pilze sowie den Parmesan unterrühren. Den Risotto mit Salz und Pfeffer abschmecken.

4 Die Blaubeeren waschen und trockentupfen, kurz vor dem Servieren unter den Risotto heben. Den Risotto zuletzt mit der restlichen Butter und der geschlagenen Sahne verfeinern.

Tipp

Versuchen Sie im Sommer unbedingt wilde Blaubeeren zu bekommen – sie schmecken deutlich fruchtiger! Statt Pilzfond können Sie für den Risotto auch Geflügelfond verwenden. Übrigens: Ob der oder das Risotto, das Ergebnis ist dasselbe.

KLEINE GERICHTE

Orangen-Spargel mit Jakobsmuscheln

von Johann Lafer

**Zutaten
für 4 Personen:**

800 g weißer Spargel

4 Schalotten

130 g Butter (davon 60 g kalt

und in kleinen Würfeln)

2 ½ EL Zucker

150 ml Weißwein

Salz

5 Orangen

(davon 1 unbehandelt)

1 Vanilleschote

Chili aus der Gewürzmühle

(ersatzweise Chilipulver)

2 EL geschlagene Sahne

2 EL grob gehackte Petersilie

je 2 Zweige Thymian

und Rosmarin

2 Stiele Kerbel

12 küchenfertige Jakobs-

muscheln

(ohne Schale und Rogen)

weißer Pfeffer aus der Mühle

2 EL Olivenöl

Zubereitung:

1 Die Spargelstangen schälen, die holzigen Enden abschneiden und die Stangen in etwa 3 cm lange Stücke schneiden. Die Schalotten schälen, 2 Schalotten halbieren, den Rest in kleine Würfel schneiden und beiseite stellen.

2 In einem Topf etwa 5 EL Butter zerlassen und die halbierten Schalotten darin andünsten. Den Zucker dazugeben und hell karamellisieren. Den Weißwein angießen und auf ein Viertel einkochen lassen. Den Spargel zum Glasieren im Topf schwenken und mit Salz würzen. 3 Orangen so großzügig schälen, dass auch die weiße Haut mit entfernt wird. 1 Orange davon in Scheiben schneiden, zum Spargel geben und alles zugedeckt bei mittlerer Hitze etwa 15 Minuten dünsten, dabei immer wieder umrühren.

3 Die unbehandelte Orange heiß waschen, trockenreiben und die Schale fein abreiben. Die unbehandelte und die noch übrige Orange halbieren und den Saft auspressen. Die Fruchtfilets der beiden geschälten Orangen aus den Trennhäuten schneiden. Die Vanilleschote längs halbieren und das Mark herauskratzen.

4 Den Fond des gegarten Spargels durch ein Sieb in eine Schale gießen, den Spargel zugedeckt im Topf warm halten. In einem kleinen Topf 2 EL Butter zerlassen, die beiseite gestellten Schalottenwürfel und die Orangenschale darin andünsten. Den Spargelfond und den Orangensaft dazugießen, Vanillemark und -schote dazugeben und alles etwa auf die Hälfte einkochen lassen. Den Topf vom Herd nehmen, die Vanilleschote entfernen und die kalte Butter mit dem Stabmixer unterrühren. Die Sauce mit Salz und Chili würzen.

5 Die geschlagene Sahne und die Petersilie unter die Sauce heben. Die Orangen-Vanille-Sauce über die Spargelstangen gießen und gut durchmischen, die Orangenfilets darauf verteilen. Den Spargel mit der Sauce warm halten.

6 Die Kräuter waschen und trockenschütteln, die Kerbelblätter von den Stielen zupfen und beiseite legen. Die Jakobsmuscheln waschen, trockentupfen und mit Salz und Pfeffer würzen. Das Öl mit den Thymian- und Rosmarinzweigen in einer Pfanne erhitzen, die Muscheln darin 3 bis 4 Minuten rundum goldbraun braten.

7 Den Spargel mit der Orangen-Vanille-Sauce anrichten und die Jakobsmuscheln darauf setzen. Mit Kerbel garniert servieren.

KLEINE GERICHTE

Hummer **auf Rucolasalat**

von Rainer Sass

**Zutaten
für 4 Personen:**

Hummer:

2 frisch gekochte Hummer
(je 350–400 g; beim Fisch-
händler bestellen)

1 Pfirsich

2 Tomaten

4 Eigelb

150 ml Sonnenblumenöl

2 EL Cognac

2 EL trockener Wermut
(z. B. Martini Extra Dry)

1 EL Ketchup

Salz, Pfeffer aus der Mühle

Rucolasalat:

1 Bund Rucola

einige Blätter Friséesalat

1 EL Balsamico bianco

Salz, Pfeffer aus der Mühle

Zucker

2 EL Olivenöl

Zubereitung:

1 Für den Hummer die Hummerschwänze mit einer Drehbewegung vom Oberkörper trennen und der Länge nach halbieren. Das Hummerfleisch entnehmen. Die Scheren mit einem schweren Messerrücken anschlagen, die Panzer aufbrechen, das Fleisch herauslösen und in mundgerechte Stücke schneiden.

2 Den Pfirsich und die Tomaten kreuzweise einritzen, kurz in kochendes Wasser tauchen, kalt abschrecken, häuten, vierteln und entkernen. Das Fruchtfleisch jeweils in kleine Würfel schneiden.

3 Die Eigelbe verrühren, das Öl erst tropfenweise, dann in dünnem Strahl dazugießen und mit dem Schneebesen unter ständigem Rühren unterschlagen. Die Pfirsich- und Tomatenwürfel unterheben und die Mayonnaise mit Cognac, Wermut, Ketchup, Salz und Pfeffer abschmecken.

4 Für den Rucolasalat Rucola und Friséesalat putzen, waschen und trockenschleudern, vom Rucola die groben Stiele entfernen. Die Salatblätter in mundgerechte Stücke zupfen. Für die Vinaigrette den Essig mit Salz, Pfeffer und 1 Prise Zucker verrühren, zuletzt das Öl unterschlagen. Die Vinaigrette mit dem Salat mischen.

5 Kurz vor dem Servieren die Mayonnaise unter das Hummerfleisch mischen und dann mit dem marinierten Rucolasalat vermengen. Noch einmal mit Salz und Pfeffer abschmecken.

Tipp

Für die Mayonnaise möglichst frische Pfirsiche verwenden. Früchte aus der Dose sollten nur außerhalb der Saison eine Notlösung sein. Damit die Mayonnaise gelingt, müssen Eigelb und Öl Raumtemperatur haben.

Lachstatar auf Rösti

von Rainer Sass

Zutaten für 4 Personen:

Lachstatar:
200 g Lachsfilet (ohne Haut)
40 g Salatgurke
1 Schalotte
5 Radieschen
1 Bund Dill
1-2 EL Olivenöl
Meersalz aus der Mühle

Rösti:
4 fest kochende Kartoffeln
Salz, Pfeffer aus der Mühle
Muskatnuss
je 1-2 EL Butter
und Traubenkernöl

Außerdem:
2 EL Crème fraîche

Zubereitung:

1. Für das Lachstatar den Lachs waschen, trockentupfen und mit einem scharfen Messer in kleine Würfel schneiden. Die Gurke schälen, längs halbieren und entkernen. Die Schalotte schälen, die Radieschen putzen und waschen. Alles in kleine Würfel schneiden. Den Dill waschen und trockenschütteln, die Spitzen von den Stielen zupfen. Einige Dillspitzen zum Garnieren beiseite legen, den Rest fein hacken. Die Lachswürfel mit den Gurken-, Radieschen- und Schalottenwürfeln, dem gehackten Dill und dem Öl mischen. Das Lachstatar mit Meersalz abschmecken.

2. Für die Rösti die Kartoffeln schälen und auf der Gemüsereibe grob raspeln. Die Kartoffelraspel in ein Küchentuch geben, um die Stärke auszudrücken. Das Geschirrtuch fest zusammenpressen, sodass der Saft aus den Kartoffeln fließt. Anschließend die Kartoffelraspel mit Salz, Pfeffer und Muskatnuss würzen.

3. Die Butter und das Öl in einer Pfanne erhitzen. Die Kartoffelraspel in 4 Portionen teilen und daraus im heißen Fett Rösti ausbacken. Die Rösti auf Tellern anrichten und jeweils etwas Lachstatar darauf setzen. Mit je 1 Klecks Crème fraîche und Dill garnieren.

Tipp
Zu diesem feinen Gericht passt auch ein feines Getränk: Champagner!

KLEINE GERICHTE | 59

Kartoffelschnee mit gebackenen Austern

von Johann Lafer

Zutaten für 4 Personen:

700 g mehlig kochende Kartoffeln
Salz
2 Limetten (davon 1 unbehandelt)
150 g Crème fraîche
2 EL Milch
Pfeffer aus der Mühle
6 Eier
50 g Toastbrot
12 Austern
50 g Mehl
3 EL Schnittlauchröllchen
50 g Butterschmalz
80 g Osietra-Kaviar

Zubereitung:

1 Den Backofen auf 200 °C vorheizen. Die Kartoffeln waschen und mit Schale in kochendem Salzwasser etwa 30 Minuten garen. Durch ein Sieb abgießen und im vorgeheizten Ofen auf der mittleren Schiene weitere 30 Minuten fertig garen.

2 Die unbehandelte Limette heiß waschen, trockenreiben und die Schale fein abreiben. Beide Limetten halbieren und den Saft auspressen. Die Crème fraîche mit Limettensaft und -schale sowie der Milch zu einer Sauce glatt rühren, mit Salz und Pfeffer abschmecken.

3 Vier Eier hart kochen, kalt abschrecken und pellen, die Eigelbe hacken. Das Toastbrot entrinden, in Stücke schneiden und im Blitzhacker oder im Küchenmixer zerkleinern. Die restlichen Eier verquirlen.

4 Die Austern aus der Schale lösen, trockentupfen und mit Salz und Pfeffer würzen. Die Austern zuerst im Mehl wenden, dann durch die verquirlten Eier ziehen und zuletzt mit den Toastbrotbröseln panieren.

5 Die Kartoffeln pellen und noch heiß durch die Kartoffelpresse auf vier Teller drücken. Die Limettensauce außen herum verteilen, mit dem gehackten Eigelb und dem Schnittlauch bestreuen.

6 In einer Pfanne das Butterschmalz zerlassen, die Austern darin nur kurz goldbraun ausbacken und auf Küchenpapier abtropfen lassen. Jeweils 3 Austern pro Portion auf die Teller geben. Den Kaviar auf dem Kartoffelschnee verteilen, nach Belieben mit Kerbel garnieren.

Tipp

Für den Kartoffelschnee sollte man nur mehlig kochende Sorten verwenden – dann wird er schön locker. Vor dem Panieren der Austern darauf achten, dass keine Schalensplitter mehr am Muschelfleisch sind.

KLEINE GERICHTE

Putenröllchen mit Artischocken

von Sarah Wiener

Zutaten für 4 Personen:

2 Schalotten
1 Knoblauchzehe
80 g in Salz eingelegte Kapern
2 eingelegte Sardellenfilets
4 eingelegte Artischockenherzen
2 Zweige Zitronenthymian
2 EL Olivenöl
Pfeffer aus der Mühle
8 Putenschnitzel
(ca. 6 cm breit)
2 EL Butterschmalz
ca. 100 ml Champagner
(ersatzweise Weißwein)

Zubereitung:

1 Schalotten und Knoblauch schälen und in kleine Würfel schneiden. Die Kapern gründlich mit Wasser abspülen. Die Sardellenfilets und die Artischocken ebenfalls gründlich abspülen und klein schneiden. Den Thymian waschen und trockenschütteln, die Blätter von den Zweigen zupfen.

2 Das Öl in einer Pfanne erhitzen, Schalotten und Knoblauch darin glasig dünsten. Kapern, Sardellen und Artischocken hinzufügen, zuletzt den Thymian dazugeben und mitdünsten. Mit etwas Pfeffer würzen (auf Salz kann man wegen der salzigen Kapern und Sardellen meist verzichten, am besten probieren!).

3 Die Putenschnitzel waschen, trockentupfen und zwischen zwei Lagen Frischhaltefolie vorsichtig flach klopfen. Die Artischockenfüllung gleichmäßig auf die Putenschnitzel streichen, das Fleisch aufrollen und mit Zahnstochern feststecken. In einer Pfanne das Butterschmalz zerlassen und die Putenröllchen darin von allen Seiten goldbraun braten. Den Champagner dazugeben und etwas einkochen lassen. Die Putenröllchen nach Belieben mit Vergissmeinnicht-Blüten garnieren und warm oder kalt servieren.

Tipp

Statt Putenfleisch können Sie auch Hähnchenbrustfilets, Schweinefilets oder Kalbfleisch nehmen.

Geschmorter Fenchel mit Kalbsmedaillons

von Rainer Sass

Zutaten für 4 Personen:

- 2 große Fenchelknollen
- 2 Knoblauchzehen
- 5 EL Olivenöl
- 500 g Sahne
- 1/2 l Hühnerbrühe
- 30 schwarze Oliven (entsteint)
- je 2–3 Zweige Thymian und Rosmarin
- 4 Kalbsmedaillons
- Salz, Pfeffer aus der Mühle
- 2 EL Butter
- 1 Lorbeerblatt

Zubereitung:

1. Den Fenchel putzen und waschen, die Knollen längs halbieren und den Strunk herausschneiden. Den Knoblauch schälen und in feine Würfel schneiden.

2. In einer Pfanne 3 EL Öl erhitzen und die Fenchelhälften darin andünsten. Die Sahne und die Hühnerbrühe dazugießen. Den Knoblauch hinzufügen und alles offen bei schwacher Hitze etwa 30 Minuten köcheln lassen. Kurz vor Ende der Garzeit die Oliven und nach Belieben noch etwas Öl dazugeben.

3. Thymian und Rosmarin waschen und trockenschütteln. Die Kalbsmedaillons mit Salz und Pfeffer würzen. In einer Pfanne das restliche Öl und die Butter mit den Kräuterzweigen und dem Lorbeerblatt erhitzen und die Kalbsmedaillons darin auf beiden Seiten jeweils 1 Minute braten. Den geschmorten Fenchel auf Teller verteilen und die Kalbsmedaillons darauf anrichten.

Tipp

Der Fenchel schmeckt auch solo, nur mit frischem Baguette serviert, sehr lecker. Idealer Weinbegleiter ist eine Riesling Spätlese aus dem Rheingau.

Chicken Wings mit Krautsalat

von Ralf Zacherl

Zutaten für 4 Personen:

Chicken Wings:

30 g Butter

2 EL Ahornsirup

1 EL Senfpulver

1/4 l Chilisauce

100 ml Ketchup

1/4 l frisch gepresster
Zitronensaft

1 TL Senfkörner

Cayennepfeffer

Salz, Pfeffer aus der Mühle

16 Hühnerflügel

Krautsalat:

1 kleiner Weißkohl

Salz

8 EL Buttermilch

2 EL Pflanzenöl

2-4 EL milder Essig
(oder Zitronensaft)

100 g Rosinen

Pfeffer aus der Mühle

Zubereitung:

1 Für die Chicken Wings die Butter in einer Pfanne zerlassen. Ahornsirup, Senfpulver, Chilisauce, Ketchup, Zitronensaft und Senfkörner dazugeben. Die Marinade mit Cayennepfeffer, Salz und Pfeffer würzen, aufkochen und bei schwacher Hitze 10 Minuten köcheln lassen. Die Marinade abkühlen lassen.

2 Die Hühnerflügel waschen und trockentupfen, in eine Schüssel geben und mit der Marinade übergießen. Die Hühnerflügel abgedeckt im Kühlschrank einige Stunden (am besten über Nacht) in der Marinade ziehen lassen.

3 Für den Krautsalat vom Weißkohl die äußeren Blätter entfernen. Den Kohl waschen und in breite Spalten schneiden. Die Weißkohlspalten bis auf den Strunk in möglichst feine Streifen schneiden oder hobeln. In eine Schüssel geben, leicht mit Salz würzen und gut durchmischen.

4 Buttermilch, Öl und Essig verrühren, die Rosinen unterrühren und das Dressing mit Salz und Pfeffer abschmecken. Das Dressing unter den Weißkohl mischen und den Krautsalat 30 Minuten ziehen lassen. Nach Belieben noch einmal mit Salz und Pfeffer abschmecken.

5 Den Backofen auf 225 °C vorheizen. Die Hühnerflügel aus der Marinade nehmen und gut abtropfen lassen. Mit der Hautseite nach unten auf ein mit Backpapier ausgelegtes Backblech legen und im vorgeheizten Ofen auf der mittleren Schiene etwa 10 Minuten garen. Dann die Flügel wenden und noch einmal 10 bis 15 Minuten garen. Die Chicken Wings mit dem Krautsalat servieren.

Tipp

Damit die Chicken Wings schön knusprig werden, kann man in den letzten Minuten noch den Backofengrill dazuschalten. Und während der Grillsaison sind die Chicken Wings natürlich ideal für eine BBQ-Party!

Lafers Toast Hawaii

von Johann Lafer

Zutaten für 4 Personen:

1 ganzes Toastbrot
1 Ananas
80 g Butter
2 EL Zucker
150 ml frisch gepresster Orangensaft
Chili aus der Gewürzmühle (ersatzweise Chilipulver)
6 große Scheiben gekochter Schinken
12 Scheiben Käse (z. B. Gruyère)
japanische Kresse (Shiso-Kresse) zum Garnieren

Zubereitung:

1 Den Backofen auf 200 °C vorheizen. Von dem Brot mit einem Sägemesser oder auf der Aufschnittmaschine 16 etwa 1/2 cm dicke Scheiben abschneiden. Die Brotscheiben nebeneinander auf ein mit Backpapier ausgelegtes Backblech legen. Ein weiteres Stück Backpapier sowie ein zweites Backblech darauf legen (so wellt sich das Brot nicht beim Backen) und die Brotscheiben im vorgeheizten Ofen auf der mittleren Schiene etwa 10 Minuten goldbraun backen.

2 Die Ananas schälen, längs vierteln und die holzige Mitte herausschneiden, das Fruchtfleisch in kleine Stücke schneiden. In einer Pfanne etwa 20 g Butter zerlassen. Die Ananas in die Pfanne geben, mit dem Zucker bestreuen und leicht karamellisieren lassen. Mit dem Orangensaft ablöschen und diesen fast vollständig einkochen lassen. Das Ananasragout mit Chili würzen und die restliche Butter stückchenweise unterrühren. Die Pfanne vom Herd nehmen.

3 Den Backofengrill einschalten. Die Schinkenscheiben halbieren und auf ein mit Backpapier ausgelegtes Backblech legen. Auf jede Schinkenscheibe 1 Käsescheibe legen und unter dem Backofengrill kurz überbacken. Die Kresse waschen und trockentupfen.

4 Für jede Portion 3 Brotscheiben jeweils mit 1 überbackenen Schinkenscheibe und etwas Ananasragout belegen. Aufeinander schichten und jeweils mit einer vierten Brotscheibe bedecken. Mit Kresse garniert servieren.

Tipp

Anstelle der japanischen Kresse können Sie die Toasts auch mit Rucolasalat anrichten.

KLEINE GERICHTE | 65

Frühlingsrollen mit Gemüsefüllung

von Rainer Sass

Zutaten
für 10–12 Frühlingsrollen:

- 1 Bund Frühlingszwiebeln
- 2 Stangen Staudensellerie
- 2 Karotten
- 1 kleine Fenchelknolle
- 1 rote Paprikaschote
- 5 Champignons
- 4 EL Sonnenblumenöl
- 3 Knoblauchzehen
- Salz, Pfeffer aus der Mühle
- 1 TL Paprikapulver (edelsüß)
- 1 TL Cayennepfeffer
- 10–12 Blätter getrockneter Frühlingsrollenteig (aus dem Asialaden)
- 1 Eigelb
- Pflanzenöl zum Frittieren
- 1 Becher Crème fraîche (125 g)
- 3 EL Sahne

Zubereitung:

1 Die Frühlingszwiebeln und den Staudensellerie putzen, waschen und in feine Streifen schneiden. Die Karotten putzen, schälen und auf der Gemüsereibe in feine Stifte hobeln. Den Fenchel putzen, waschen und längs halbieren, den Strunk herausschneiden und die Knollenhälften in feine Streifen schneiden oder hobeln. Die Paprika längs halbieren, entkernen, waschen und in feine Streifen schneiden. Die Champignons putzen, trocken abreiben und klein schneiden. Das Sonnenblumenöl in einer Pfanne erhitzen und das Gemüse darin andünsten. Den Knoblauch schälen, in feine Würfel schneiden und mitdünsten. Die Füllung mit Salz, Pfeffer, Paprika und Cayennepfeffer kräftig würzen.

2 Die Teigblätter zwischen feuchten Küchentüchern auslegen, bis sie weich werden (bzw. nach Packungsanweisung einweichen). Das Eigelb mit 2 EL kaltem Wasser verquirlen und die Teigränder damit bestreichen. Jeweils auf den unteren Rand der Teigplatten etwas Gemüsefüllung setzen, die Seiten nach innen einschlagen, den Teig aufrollen und gut verschließen. Das Öl in einer Pfanne erhitzen und die Frühlingsrollen darin rundum goldbraun frittieren.

3 Für die Sauce die Crème fraîche mit der Sahne verrühren und bei mittlerer Hitze erwärmen. Die Frühlingsrollen auf Teller verteilen und mit der Sahnesauce servieren.

Tipp

Wenn Sie es etwas würziger mögen, reichen Sie zu den Frühlingsrollen nach Belieben noch Sojasauce oder Sambal oelek.

Fisch

Seeteufelspieße auf Mangosalat

von Johann Lafer

Zutaten
für 4 Personen:

Seeteufelspieße:

4 Stangen Zitronengras

12 Seeteufelmedaillons

(à 30 g)

Pfeffer aus der Mühle

je 1 Schalotte und

Knoblauchzehe

1 rote Chilischote

2 EL Sesamöl

2 EL Olivenöl mit Limone

2 EL Sojasauce

Mangosalat:

2 reife Mangos

1 Bund Frühlingszwiebeln

1 Bund Löwenzahn

2-3 Stiele Koriander

1-2 Knoblauchzehen

5 g Ingwer

4 EL Balsamico bianco

4 EL Olivenöl mit Limone

2 EL Sesamöl, Zucker

Salz, Pfeffer aus der Mühle

Chili aus der Gewürzmühle

(ersatzweise Chilipulver)

Außerdem:

Olivenöl zum Braten, Salz

Zubereitung:

1 Für die Seeteufelspieße das Zitronengras putzen und waschen, zuerst an der Spitze gerade ab- und dann spitz zuschneiden. Die Seeteufelmedaillons waschen und trockentupfen. Jeweils 3 Medaillons auf 1 Zitronengrasspieß stecken, mit Pfeffer würzen und in einen tiefen Teller legen.

2 Die Schalotte und den Knoblauch schälen und in kleine Würfel schneiden. Die Chilischote längs halbieren, entkernen, waschen und in kleine Würfel schneiden. Schalotten, Knoblauch und Chili mit beiden Ölsorten und der Sojasauce zu einer Marinade verrühren und über die Seeteufelspieße gießen. Die Spieße zugedeckt im Kühlschrank etwa 6 Stunden in der Marinade ziehen lassen, dabei ab und zu wenden.

3 Für den Mangosalat die Mangos schälen, das Fruchtfleisch zuerst in breiten Streifen vom Stein und dann in dünne Streifen schneiden. Die Frühlingszwiebeln putzen, waschen und in dünne Ringe schneiden. Die Spitzen der Löwenzahnblätter abzupfen, abbrausen und trockenschütteln (den Rest anderweitig verwenden).

4 Den Koriander waschen und trockenschütteln, die Blätter von den Stielen zupfen. Knoblauch und Ingwer schälen und fein hacken. Koriander, Essig, beide Ölsorten, 1 Prise Zucker, Knoblauch und Ingwer zu einer Vinaigrette verrühren.

5 Mango, Frühlingszwiebeln und Löwenzahn in einer Schüssel mit der Vinaigrette mischen. Den Salat mit Salz, Pfeffer und Chili abschmecken und auf Tellern anrichten.

6 Die Seeteufelspieße aus der Marinade nehmen und abtropfen lassen. In einer Pfanne etwas Öl erhitzen und die Spieße darin etwa 5 Minuten braten, dabei öfter wenden. Die Spieße mit Salz würzen und auf dem Mangosalat anrichten.

Tipp

Für diesen Salat sollten Sie nur richtig ausgereifte Mangos nehmen. Man erkennt sie daran, dass sie angenehm duften und ihr Fruchtfleisch auf leichten Daumendruck nachgibt. Ich verwende am liebsten Pataya-Mangos aus Thailand.

Gefüllte Sardinen mit Ricotta

von Sarah Wiener

Zutaten für 4 Personen:

- 400 g Sardinen
- 2-3 Knoblauchzehen
- 4 EL Olivenöl
- 1 EL Semmelbrösel
- 3-4 Stiele Minze
- 4 EL Ricotta
- Meersalz
- 1 Msp. Chilipulver
- Pfeffer aus der Mühle

Zubereitung:

1. Den Backofen auf 200 °C vorheizen. Die Sardinen unter fließendem kaltem Wasser waschen und gründlich trockentupfen. Die Köpfe abschneiden. Die Fische an der Bauchseite mit einem spitzen, scharfen Messer aufschneiden. Die Mittelgräte anheben und vorsichtig herausziehen.

2. Den Knoblauch schälen und in kleine Würfel schneiden. In einer Pfanne 2 EL Öl erhitzen und den Knoblauch mit den Semmelbröseln darin anbraten.

3. Die Minze waschen und trockenschütteln, die Blätter von den Stielen zupfen und fein hacken. Mit dem Ricotta unter die Knoblauch-Semmelbrösel-Mischung heben, mit Meersalz, Chili und Pfeffer würzen.

4. Eine flache Auflaufform mit 2 EL Öl einfetten. Die Sardinenfilets auseinander klappen und mit einem Teelöffel die Füllung darauf streichen, dann die Filets zusammenklappen und in die Form setzen.

5. Die gefüllten Sardinen im vorgeheizten Ofen auf der mittleren Schiene 10 bis 15 Minuten garen. Nach Belieben mit frischem Weißbrot servieren.

Tipp

Wenn ich es gehaltvoller will, gebe ich vor dem Schmoren noch 1 Schöpfkelle Tomatensauce und einige schwarze Oliven über die Sardinen.

FISCH | 71

Gebackener Kabeljau **auf grüner Sauce**

von Johann Lafer

**Zutaten
für 4 Personen:**

Sauce:

2 Bund Petersilie

je 1 Bund Estragon,
Kerbel und Dill

2 Bund Schnittlauch

2 Kästchen Kresse

150 g saure Sahne

200 g Mayonnaise

1 TL scharfer Senf

Saft von 1 Zitrone

Salz, Cayennepfeffer

Kabeljau:

150 g Toastbrot

2 Eier

400 g Kabeljaufilet

(ohne Haut)

Salz, Pfeffer aus der Mühle

50 g Mehl

100 g Butterschmalz

Zubereitung:

1 Für die Sauce die Kräuter waschen und trockenschütteln, die Blätter von den Stielen zupfen. Den Schnittlauch waschen, trockenschütteln und in Röllchen schneiden. Die Kresse vom Beet schneiden, waschen und trockentupfen. Einige Kräuterblätter zum Garnieren beiseite legen.

2 Etwa zwei Drittel der Kräuter mit der sauren Sahne, der Mayonnaise, dem Senf und dem Zitronensaft im Küchenmixer oder mit dem Stabmixer fein pürieren. Die Sauce mit Salz und Cayennepfeffer kräftig abschmecken.

3 Für den Kabeljau das Toastbrot entrinden, in kleine Würfel schneiden und mit den restlichen Kräutern im Blitzhacker zerkleinern.

4 Die Eier verquirlen. Das Kabeljaufilet waschen und trockentupfen, in 8 Medaillons schneiden und mit Salz und Pfeffer würzen. Die Fischmedaillons zuerst im Mehl wenden, dann durch die Eier ziehen und zuletzt mit den Kräuterbröseln panieren.

5 Das Butterschmalz in einer Pfanne zerlassen und die Medaillons darin bei schwacher Hitze rundum ausbacken. Herausnehmen, auf Küchenpapier abtropfen lassen und mit Salz würzen.

6 Die grüne Sauce auf Teller verteilen und die Kabeljaumedaillons darauf anrichten. Mit den beiseite gelegten Kräuterblättern garnieren und nach Belieben mit etwas Olivenöl mit Limone beträufeln.

Tipp

Damit die Kabeljaumedaillons ein frisches Kräuteraroma bekommen, sollten sie nur bei schwacher Hitze und langsam ausgebacken werden.

Steinbeißerfilet **im Bananenblatt**

von Sarah Wiener

Zutaten
für 4 Personen:

Steinbeißerfilet:

½ Stange Zitronengras

1 Chilischote

2 Knoblauchzehen

15 g Ingwer

2-3 EL Fischsauce

3-4 EL Limettensaft

abgeriebene Schale von

½ unbehandelten Limette

3 EL Sojasauce

⅛ l ungesüßte Kokosmilch

(aus der Dose)

4 EL Pflanzenöl

ca. 1 kg Steinbeißerfilet

Sauce:

1 Bund Koriander

1 rote Chilischote

3-4 EL Olivenöl (oder Rapsöl)

3 EL dunkles Sesamöl

3 EL weiße Sesamsamen

6-8 EL Limettensaft

1 EL Fischsauce, Salz

2 große Bananenblätter

(aus dem Asialaden)

Zubereitung:

1 Für das Steinbeißerfilet das Zitronengras putzen und waschen. Die Chilischote längs halbieren, entkernen und waschen. Den Knoblauch und den Ingwer schälen. Alles in kleine Würfel schneiden und in eine Schüssel geben. Fischsauce, Limettensaft und -schale, Sojasauce, Kokosmilch und Öl untermischen.

2 Das Steinbeißerfilet waschen, trockentupfen und in 4 bis 6 cm große Streifen schneiden. In die Marinade einlegen und 10 bis 20 Minuten darin ziehen lassen.

3 Für die Sauce den Koriander waschen, trockenschütteln und samt Stielen fein hacken. Die Chilischote längs halbieren, entkernen, waschen und in kleine Würfel schneiden. Chili und Koriander mit den beiden Ölsorten, den Sesamsamen, dem Limettensaft und der Fischsauce verrühren und mit Salz würzen. Die Sauce nach Belieben mit dem Stabmixer pürieren. Den Backofen auf 190 °C vorheizen.

4 Die Bananenblätter waschen, trockentupfen und quer in etwa 22 cm breite Streifen schneiden. Die Fischstücke aus der Marinade nehmen und leicht abtropfen lassen. Jeweils auf die Blätter legen, die Seiten einschlagen und die Blätter zu Päckchen wickeln, mit Zahnstochern feststecken. Die Fischpäckchen im vorgeheizten Ofen auf der mittleren Schiene etwa 15 Minuten garen. Die Sauce noch einmal abschmecken und zu den Fischpäckchen servieren.

Tipp

Im Sommer kann man die Fischpäckchen auf dem Holzkohlegrill zubereiten (auf jeder Seite 6 bis 9 Minuten grillen). Wenn man die Bananenblätter 1 Minute in eine heiße Pfanne legt, sind sie flexibler und lassen sich leichter verarbeiten.

Kräuter-Dorade aus dem Ofen

von Johannes B. Kerner

**Zutaten
für 4 Personen:**

4 küchenfertige
Doraden (à ca. 400 g)
Meersalz
Pfeffer aus der Mühle
2 unbehandelte Zitronen
je 1 Bund Thymian, Rosmarin
und Petersilie
Olivenöl zum Beträufeln
8 große fest kochende
Kartoffeln

Zubereitung:

1 Den Backofen auf 200 °C vorheizen. Die Doraden innen und außen waschen und trockentupfen. Die Haut auf jeder Seite mit einem scharfen Messer etwa fünfmal einschneiden. Die Fische von innen und außen mit Meersalz und Pfeffer kräftig würzen und mit den Gewürzen einreiben.

2 Die Zitronen heiß waschen, trockenreiben und in dünne Scheiben schneiden. Die Kräuter waschen und trockenschütteln. Von den Thymianzweigen und den Petersilienstielen die Blätter, von den Rosmarinzweigen die Nadeln abzupfen und grob hacken. Etwas Rosmarin für die Kartoffeln beiseite legen.

3 Die Doraden mit den Zitronenscheiben und den Kräutern füllen. Auf ein mit Backpapier ausgelegtes Backblech legen und mit Öl beträufeln.

4 Die Kartoffeln gründlich waschen, mit Schale der Länge nach achteln und in kochendem Salzwasser etwa 5 Minuten bissfest garen. In ein Sieb abgießen und abtropfen lassen. Die Kartoffeln neben die Doraden auf das Backblech legen und mit dem restlichen Rosmarin und etwas Meersalz bestreuen. Fische und Kartoffeln im vorgeheizten Ofen auf der mittleren Schiene 20 bis 25 Minuten knusprig braten.

Tipp

So esse ich Fisch am liebsten: direkt aus dem Ofen, mit Olivenöl beträufelt und mit frischen Kräutern und Zitronenscheiben gefüllt. Weniger ist hier wirklich mehr!

Fischstäbchen im Kartoffelmantel

von Rainer Sass

Zutaten für 4 Personen:

Fischstäbchen:
2 Rotbarschfilets (à 300 g)
Meersalz aus der Mühle
weißer Pfeffer aus der Mühle
2-3 große fest kochende Kartoffeln
Salz, 3-4 EL Mehl
1-2 EL mittelscharfer Senf
ca. 50 g Butter

Sauce:
3-4 Stiele Petersilie
2 Knoblauchzehen
300 g Crème fraîche
4 EL Olivenöl
2 EL zerlassene Butter
2 EL Zitronensaft, Salz
weißer Pfeffer aus der Mühle

Zubereitung:

1 Für die Fischstäbchen die Rotbarschfilets waschen und trockentupfen, mit Meersalz und Pfeffer würzen und in etwa 4 cm breite Streifen schneiden. Die Kartoffeln schälen, auf der Gemüsereibe grob raspeln und mit Salz würzen.

2 Die Fischstäbchen zuerst im Mehl wenden (überschüssiges Mehl abklopfen), dann auf beiden Seiten mit dem Senf bestreichen und zuletzt in den Kartoffeln wenden, dabei die Kartoffelraspel gut andrücken. Die Butter in einer großen Pfanne zerlassen und die Fischstäbchen darin auf jeder Seite 4 Minuten goldbraun braten.

3 Für die Sauce die Petersilie waschen und trockenschütteln, die Blätter von den Stielen zupfen und fein hacken. Den Knoblauch schälen und in kleine Würfel schneiden. Die Crème fraîche in einem Topf bei schwacher Hitze zum Kochen bringen und den Knoblauch dazugeben. Das Öl und die zerlassene Butter unterrühren. Die Sauce mit Zitronensaft, Salz und Pfeffer kräftig abschmecken, zuletzt die Petersilie unterrühren. Die Sauce auf Teller verteilen und die Fischstäbchen darauf anrichten.

Tipp

Wer sagt, dass man mit Fischstäbchen nur Kindern eine Freude machen kann? Im Kartoffelmantel können sie sich auch vor Gästen sehen lassen. Ideal dazu passt ein Grauer Burgunder aus dem Badischen.

Rotbarbe im Schinkenmantel

von Johannes B. Kerner

Zutaten für 4 Personen:

1 unbehandelte Zitrone
2 Knoblauchzehen
1 Zweig Rosmarin
1 Bund Petersilie
8 kleine, küchenfertige Rotbarben (à ca. 150 g)
80 g Semmelbrösel
Salz, Pfeffer aus der Mühle
8 dünne Scheiben Parmaschinken
6 EL Olivenöl

Zubereitung:

1 Die Zitrone heiß waschen und trockenreiben, etwas Schale fein abreiben und die Zitrone auspressen. Den Knoblauch schälen und in dünne Scheiben schneiden. Rosmarin und Petersilie waschen und trockenschütteln. Die Rosmarinnadeln abstreifen und grob hacken, die Petersilienblätter abzupfen und fein hacken. Den Zitronensaft und die -schale mit dem Rosmarin und dem Knoblauch mischen.

2 Die Rotbarben innen und außen waschen und trockentupfen. In eine flache Auflaufform legen, mit der Zitronenmarinade beträufeln und etwa 30 Minuten ziehen lassen.

3 Den Backofen auf 190 °C vorheizen. Die Petersilie und die Semmelbrösel in einem tiefen Teller mischen. Die Rotbarben aus der Marinade nehmen und mit Küchenpapier trockentupfen. Die Fische mit Salz und Pfeffer würzen und in den Petersilienbröseln wälzen.

4 Die Rotbarben jeweils mit 1 Scheibe Schinken umwickeln und auf ein mit Backpapier ausgelegtes Backblech legen. Die Fische mit dem Öl beträufeln und im vorgeheizten Ofen auf der mittleren Schiene etwa 20 Minuten garen.

Tipp

Durch den Schinkenmantel bekommen die Rotbarben nicht nur Aroma, sondern bleiben auch wunderbar saftig. Statt des edlen Parmaschinkens kann man als rustikale Variante auch italienischen Bauchspeck (Pancetta) verwenden.

Seeteufel in Kokosmilch
mit Karotten-Mango-Confit

von Johann Lafer

Zutaten
für 4 Personen:

Seeteufel:

20 g Ingwer

4 Schalotten

2 Knoblauchzehen

ca. 30 ml Sesamöl

1 kleine Kartoffel (ca. 30 g)

100 ml Fischfond

300 ml ungesüßte Kokosmilch
(aus der Dose)

3 Kaffir-Limettenblätter

Chili aus der Gewürzmühle
(ersatzweise Chilipulver)

Salz, Pfeffer aus der Mühle

Zucker

500 g Seeteufelfilet

Saft von einer 1/2 Limette

Karotten-Mango-Confit:

200 g Karotten

50 g Schalotten

20 g Ingwer

2 Knoblauchzehen

2 EL Sesamöl

1 TL Honig

100 ml Balsamico bianco, Salz

Chili aus der Gewürzmühle
(ersatzweise Chilipulver)

6 Stiele Koriander

1 große Mango
(ca. 250 g Fruchtfleisch)

Zubereitung:

1 Für den Seeteufel Ingwer, Schalotten und Knoblauch schälen und klein schneiden. Das Öl in einem Topf erhitzen, Ingwer, Schalotten und Knoblauch darin andünsten. Die Kartoffel schälen und auf der Gemüsereibe dazureiben, den Fischfond und die Kokosmilch dazugießen. Die Kaffir-Limettenblätter waschen, trockentupfen, klein schneiden und ebenfalls dazugeben. Mit Chili, Salz, Pfeffer und Zucker würzen. Alles einmal aufkochen und bei mittlerer Hitze etwa 20 Minuten ziehen lassen.

2 Den Seeteufel waschen und trockentupfen. In die heiße Sauce legen und zugedeckt 10 bis 15 Minuten darin garen, aber nicht kochen. Den Fisch aus dem Sud nehmen und warm halten. Den Sud durch ein Sieb passieren und etwas einkochen lassen. Den Limettensaft dazugeben und die Sauce mit Salz und Pfeffer abschmecken. Die Sauce mit dem Stabmixer schaumig aufschlagen.

3 Für das Karotten-Mango-Confit die Karotten putzen, schälen und in kleine Würfel schneiden. Schalotten, Ingwer und Knoblauch schälen und in sehr kleine Würfel schneiden.

4 Das Öl erhitzen, Schalotten, Ingwer und Knoblauch darin andünsten. Den Honig dazugeben und kurz karamellisieren lassen, dann den Essig dazugießen. Die Karotten hinzufügen und so lange kochen, bis sie weich sind und die Flüssigkeit vollkommen verdampft ist. Mit Salz und Chili würzen.

5 Den Koriander waschen und trockenschütteln, die Blätter von den Stielen zupfen. Einige Blätter zum Garnieren beiseite legen, den Rest fein hacken. Die Mango schälen und halbieren, das Fruchtfleisch zuerst in breiten Streifen vom Stein und dann in kleine Würfel schneiden. Die Mangowürfel zu den Karotten geben und erwärmen. Zum Schluss den Koriander unterheben.

6 Das Seeteufelfilet in Stücke schneiden, mit dem Karotten-Mango-Confit und dem Kokosschaum anrichten und mit dem beiseite gelegten Koriander garnieren.

Gedämpftes Seeteufelfilet
im Kräutermantel

von Johann Lafer

Zutaten
für 4 Personen:

300 ml Fischfond

150 ml Weißwein

1 Zitrone

500 g Seeteufelfilet

Salz, Pfeffer aus der Mühle

je 1 Bund Petersilie, Dill,

Kerbel und Estragon

1 Karotte

1/2 Rettich

1 Salatgurke

1/2 kleiner Kopf Rotkohl

10 Cocktailtomaten

50 g Macadamianüsse

50 ml Balsamico bianco

2 EL Macadamianuss-Sirup

1 TL Senf

100 ml Macadamianussöl

Salz, Pfeffer aus der Mühle

Chili aus der Gewürzmühle

(ersatzweise Chilipulver)

2 1/2 EL Olivenöl

Zubereitung:

1 Den Fischfond mit dem Weißwein in einen Topf mit passendem Dämpfeinsatz geben und erhitzen. Die Zitrone halbieren und den Saft auspressen.

2 Das Seeteufelfilet waschen, trockentupfen und rundum mit Zitronensaft, Salz und Pfeffer würzen. Den Fisch in den Dämpfeinsatz legen und den Einsatz auf den leicht köchelnden Sud setzen. Das Filet zugedeckt 8 bis 14 Minuten garen.

3 Die Kräuter waschen und trockenschütteln, die Blätter von den Stielen zupfen. Einige Blätter zum Garnieren beiseite legen, den Rest fein hacken. Karotte und Rettich putzen und schälen, die Gurke waschen und alles in ganz feine Streifen schneiden. Den Rotkohl putzen und waschen, den harten Strunk entfernen und die Blätter ebenfalls in feine Streifen schneiden oder hobeln. Die Cocktailtomaten waschen und halbieren. Das vorbereitete Gemüse in eine Schüssel geben. Die Macadamianüsse in einer beschichteten Pfanne ohne Fett leicht anrösten und hacken.

4 Den Essig mit dem Sirup und dem Senf verrühren. Nach und nach das Macadamianussöl unterschlagen, sodass ein sämiges Dressing entsteht. Kräftig mit Salz, Pfeffer und Chili abschmecken. Zwei Drittel des Dressings über das Gemüse geben und unterheben. Zum Schluss die Nüsse untermischen.

5 Den Seeteufel aus dem Dämpfeinsatz nehmen, rundum mit Olivenöl einpinseln und in den gehackten Kräutern wälzen.

6 Den Fisch in Scheiben schneiden und mit dem Rohkostsalat anrichten. Das restliche Dressing auf den Fisch und um den Salat träufeln. Mit den beiseite gelegten Kräuterblättern garnieren.

Tipp

Anstelle von Seeteufel können Sie auch einen anderen Fisch mit festem Fleisch verwenden, z. B. Steinbutt, Petersfisch oder auch Lachs.

FISCH | 81

Steinbutt mit Kartoffelschuppen
auf Rotweinzwiebeln und Spinat

von Johann Lafer

Zutaten
für 4 Personen:

Rotweinzwiebeln:

300 g kleine Perlzwiebeln

2 EL Zucker

Je 150 ml Rotwein und

roter Portwein

Steinbutt:

2 große fest kochende

Kartoffeln

2 Knoblauchzehen

3 EL Butter

1 Eigelb

4 Steinbuttfilets (à ca. 120 g)

Salz, Pfeffer aus der Mühle

2 Zweige Thymian

1 Zweig Rosmarin

2 EL Butterschmalz

Spinat:

2 Schalotten

1 Knoblauchzehe

300 g junger Blattspinat

40 g Butter

Salz, Pfeffer aus der Mühle

1 Msp. Muskatnuss

2 EL Crème double

Außerdem:

1 TL Speisestärke

80 g kalte Butter

Salz, Pfeffer aus der Mühle

Zubereitung:

1 Für die Rotweinzwiebeln die Perlzwiebeln schälen. Den Zucker in einem Topf karamellisieren lassen, Rot- und Portwein dazugießen. Die Zwiebeln hinzufügen und etwa 20 Minuten bei mittlerer Hitze weich dünsten.

2 Für den Steinbutt die Kartoffeln schälen, waschen und in 1 mm dünne Scheiben schneiden oder hobeln. Aus den Kartoffelscheiben mit einem Ausstecher Kreise von etwa 1 ½ cm Durchmesser ausstechen. Den Knoblauch schälen und mit einem Messer leicht andrücken.

3 Die Butter zerlassen, das Eigelb verquirlen. Die Steinbuttfilets waschen und trockentupfen, mit Salz und Pfeffer würzen. Jeweils eine Seite der Filets mit Eigelb bestreichen, die Kartoffelkreise schuppenartig darauf legen und mit der zerlassenen Butter bestreichen. Einige Minuten kühl stellen, bis die Butter wieder fest geworden ist. Den Backofen auf 150 °C vorheizen.

4 Die Kräuter waschen und trockenschütteln. Das Butterschmalz in einer ofenfesten Pfanne erhitzen und die Fischfilets darin auf der Kartoffelseite knusprig braun anbraten. Die Kräuter dazugeben, die Filets vorsichtig wenden und im vorgeheizten Ofen auf der mittleren Schiene etwa 5 Minuten fertig garen (oder in der Pfanne auf dem Herd vorsichtig fertig braten).

5 Für den Spinat Schalotten und Knoblauch schälen und in kleine Würfel schneiden. Den Spinat putzen, waschen und abtropfen lassen, grobe Stiele entfernen. Die Butter in einer Pfanne zerlassen, Schalotten und Knoblauch darin glasig dünsten. Den Spinat hinzufügen und zusammenfallen lassen. Mit Salz, Pfeffer und Muskatnuss abschmecken und mit der Crème double verfeinern.

6 Die Stärke mit etwas kaltem Wasser anrühren und unter die Rotweinsauce rühren. Die kalte Butter in Stücke schneiden und ebenfalls nach und nach unterrühren. Die Rotweinsauce mit Salz und Pfeffer abschmecken.

7 Die Steinbuttfilets mit dem Spinat auf Tellern anrichten, die Rotweinzwiebeln mit der Sauce außen herum verteilen.

Geflügel & Fleisch

Hähnchen **in Parmaschinken**

von Ralf Zacherl

Zutaten
für 4 Personen:

200 g geschälte Tomaten
(aus der Dose)

6-7 EL Olivenöl

1-2 EL Aceto balsamico

1/2 TL Honig

Salz

1 Spritzer Tabascosauce

je 2-3 Zweige Salbei,
Rosmarin und Thymian

4 Scheiben magerer
Parmaschinken

4 Hähnchenbrustfilets

Pfeffer aus der Mühle

1-2 EL Mehl

400 g Feldsalat

1/4 Ananas

2 Scheiben Vollkornbrot

Zubereitung:

1 Die Tomaten in ein Sieb abgießen, dabei den Saft auffangen. Den Tomatensaft mit 2 EL Öl und dem Essig mit dem Stabmixer verrühren, die Vinaigrette mit Honig, Salz und Tabasco abschmecken. Die Hälfte des Tomatenfruchtfleischs hacken und unter die Vinaigrette rühren, die andere Hälfte der Tomaten anderweitig verwenden. Den Backofen auf 200 °C vorheizen.

2 Die Kräuter waschen und trockenschütteln, die Blätter bzw. Nadeln von den Zweigen zupfen und fein hacken. Die Schinkenscheiben nebeneinander legen und mit den Kräutern bestreuen. Die Hähnchenbrustfilets waschen und trockentupfen, mit Salz und Pfeffer leicht würzen. Jeweils mit 1 Scheibe Schinken umwickeln und mit etwas Mehl bestäuben.

3 In einer ofenfesten Pfanne 1 EL Öl erhitzen und die Hähnchenbrüste darin rundum anbraten. Dann im vorgeheizten Ofen auf der mittleren Schiene etwa 8 Minuten fertig garen.

4 Den Feldsalat putzen, waschen und trockenschleudern. Die Ananas schälen, die holzige Mitte herausschneiden und das Fruchtfleisch in dünne Scheiben schneiden. Das Brot in kleine Würfel schneiden. In einer Pfanne 2 EL Öl erhitzen und die Brotwürfel darin knusprig rösten. Herausnehmen und auf Küchenpapier abtropfen lassen. Das restliche Öl in die Pfanne geben und die Ananas darin kurz anbraten. Ananas und Feldsalat mischen, mit Salz und Pfeffer würzen.

5 Das Fleisch aus dem Ofen nehmen und jeweils schräg halbieren oder in größere Scheiben schneiden. Den Salat auf Teller verteilen, mit der Tomatenvinaigrette beträufeln und die Croûtons darüber geben. Die Hähnchenbrüste darauf anrichten.

Tipp

Statt die Schinkenscheiben mit Kräutern zu bestreuen, kann man sie auch mit Basilikumpesto bestreichen und eventuell noch etwas geriebenen Parmesan darüber geben.

Putengeschnetzeltes mit Pilzen

von Johannes B. Kerner

Zutaten für 4 Personen:

- 300 g Champignons
- 2 kleine Zwiebeln
- 600 g Putenbrust
- 4 EL Butterschmalz
- Salz, Pfeffer aus der Mühle
- 1 EL Butter
- 100 ml trockener Weißwein
- 200 ml Geflügelfond (oder Hühnerbrühe)
- 200 g Sahne
- 2 cl Cognac
- Worcestershiresauce

Zubereitung:

1. Die Champignons putzen, trocken abreiben und in Scheiben schneiden. Die Zwiebeln schälen und in kleine Würfel schneiden. Das Putenfleisch waschen, trockentupfen und in dünne Streifen schneiden.

2. Das Butterschmalz in einer großen Pfanne zerlassen und das Fleisch darin portionsweise goldbraun braten. Aus der Pfanne nehmen, mit Salz und Pfeffer würzen und warm halten.

3. Die Butter in der Pfanne zerlassen, die Zwiebeln und die Champignons darin andünsten. Den Weißwein und den Geflügelfond angießen und die Sauce etwa um ein Drittel einkochen lassen.

4. Die Sahne dazugießen und aufkochen lassen. Den Cognac hinzufügen und die Sauce mit Salz, Pfeffer und Worcestershiresauce abschmecken. Das Putenfleisch unter die Sauce mischen, nach Belieben noch 2 bis 3 EL geschlagene Sahne und etwas gehackte Petersilie unterheben.

Tipp

Ich esse das Putengeschnetzelte am liebsten mit Rösti (siehe das Rezept von Rainer Sass auf Seite 58) – aber auch Reis und Salzkartoffeln passen prima dazu. Auf die gleiche Weise kann man übrigens auch Hähnchengeschnetzeltes zubereiten.

GEFLÜGEL & FLEISCH | 87

Entenbrust **im eigenen Saft**

von Rainer Sass

Zutaten
für 2 Personen:

2 kg Geflügelklein (Geflügelknochen, -hälse und -mägen)

2 Karotten

300 g Knollensellerie

1 Stange Lauch

1 Zwiebel

6 EL Olivenöl

1 EL Tomatenmark

700 ml Rotwein

je 1 TL getrockneter Thymian
und Rosmarin

3 Knoblauchzehen

10 schwarze Pfefferkörner

1 Lorbeerblatt

4 Wacholderbeeren

2 Zweige Rosmarin

2 Barbarie-Entenbrüste
(mit Haut)

Salz, Pfeffer aus der Mühle

1 Döschen Safranfäden

1 EL Aceto balsamico

etwas Zitronensaft

Zubereitung:

1 Die Geflügelknochen fein hacken und die Mägen vom Fett befreien. Karotten und Sellerie putzen, schälen und in grobe Würfel schneiden. Den Lauch putzen, waschen und in Streifen schneiden. Die Zwiebel schälen und in kleine Würfel schneiden.

2 In einem großen Topf oder einer Bratreine 4 EL Öl erhitzen und die Knochen, die Hälse, die Mägen und das Gemüse darin anbraten. Das Tomatenmark dazugeben und mit anrösten. Den Rotwein und so viel Wasser dazugießen, dass alles gut bedeckt ist. Rosmarin und Thymian, 1 ungeschälte Knoblauchzehe, die Pfefferkörner, das Lorbeerblatt und die Wacholderbeeren dazugeben und den Fond bei schwacher Hitze etwa 2 Stunden köcheln lassen. Durch ein feines Sieb abgießen, dabei den Fond auffangen.

3 Die Rosmarinzweige waschen und trockenschütteln. Den restlichen Knoblauch schälen und in grobe Würfel schneiden. Die Entenbrüste waschen und trockentupfen, die Haut rautenförmig einschneiden und mit Salz und Pfeffer würzen. Das restliche Öl in einer Pfanne erhitzen und die Entenbrüste darin auf beiden Seiten scharf anbraten. Den Knoblauch und den Rosmarin dazugeben und die Entenbrüste bei schwacher Hitze auf jeder Seite weitere 7 bis 8 Minuten garen.

4 Den Geflügelfond in einen Topf geben und offen auf die Hälfte einkochen lassen. Mit Safran, Essig, Salz, Pfeffer und Zitronensaft würzen. Die Entenbrust mit dem Fond servieren.

Tipp

Ich stelle Geflügelfond immer gleich in größeren Mengen her und friere ihn dann portionsweise in Joghurtbechern ein: So habe ich immer einen guten Fond parat!

Entenbrust in Sesam-Honig-Kruste
mit Orangengraupen

von Johann Lafer

Zutaten
für 4 Personen:

4 Barbarie-Entenbrüste
(à 180 g; mit Haut)

2 Zweige Thymian

1 Zweig Rosmarin (ca. 15 cm)

2 Schalotten

1 EL Butterschmalz

Salz

weißer Pfeffer aus der Mühle

165 g Butter

50 ml Geflügelfond

80 g Honig

2 EL Sojasauce

100 g weiße Sesamsamen

Chili aus der Gewürzmühle
(ersatzweise Chilipulver)

100 g Graupen (über mehrere
Stunden in kaltem Wasser
eingeweicht)

ca. 1,4 l frisch gepresster Orangensaft (aus 6-8 Orangen)

1 1/2 unbehandelte Orangen

1 EL fein gehackte Petersilie

Zubereitung:

1 Den Backofen auf 130 °C vorheizen. Die Entenbrüste waschen und trockentupfen, die Haut rautenförmig einschneiden. Die Kräuter waschen und trockenschütteln. Die Schalotten schälen und halbieren. Das Butterschmalz in einer Pfanne zerlassen und die Entenbrüste darin auf der Hautseite bei starker Hitze 5 bis 7 Minuten anbraten. Thymian, Rosmarin und Schalottenhälften dazugeben, das Fleisch mit Salz und Pfeffer würzen. Die Entenbrüste wenden und auf der zweiten Seite 30 Sekunden anbraten. 40 g Butter dazugeben, die Entenbrüste darin einmal wenden und glasieren.

2 Die Entenbrüste mit den Kräutern und Schalotten in eine Auflaufform geben und mit der Würzbutter aus der Pfanne übergießen. Die Entenbrüste im vorgeheizten Ofen auf der mittleren Schiene etwa 15 Minuten fertig garen.

3 Den Geflügelfond, den Honig, 75 g Butter, die Sojasauce und die Sesamsamen in einem Topf unter ständigem Rühren so lange einkochen lassen, bis eine dickflüssige Masse entstanden ist. Mit Salz und Chili würzen und abkühlen lassen.

4 Den Backofengrill einschalten. Die Hautseite der Entenbrüste mit der Sesam-Honig-Masse bestreichen und unter dem Backofengrill so lange überbacken, bis die Kruste goldbraun ist.

5 Für die Orangengraupen die eingeweichten Graupen in ein Sieb abgießen. In einem Topf 30 g Butter zerlassen und die Graupen darin andünsten. Nach und nach den Orangensaft unterrühren und die Graupen bei schwacher Hitze etwa 30 Minuten bissfest garen.

6 Die Orangen heiß waschen und trockenreiben, die Schale mit dem Zestenreißer in feinen Streifen abziehen und unter die Graupen mischen. 20 g Butter unterrühren und die Orangengraupen mit Salz und Chili abschmecken. Zuletzt die Petersilie unterheben.

7 Die Orangengraupen auf Teller verteilen. Die Entenbrüste in fingerdicke Scheiben schneiden, auf den Graupen anrichten und mit der Würzbutter aus der Auflaufform beträufeln. Die Entenbrüste mit etwas Salz würzen und nach Belieben mit Kerbel garnieren.

GEFLÜGEL & FLEISCH

Kohlrouladen mit Hähnchenbrust

von Rainer Sass

**Zutaten
für 8–10 Stück:**

1 Kopf Weißkohl

2 Scheiben Toastbrot

1 1/2 l Hühner- oder

Gemüsebrühe

3 kleine Schalotten

2 kleine rote Chilischoten

8 g Ingwer

1/2 Bund Petersilie

4 Hähnchenbrustfilets

2 Eier

Salz, Pfeffer aus der Mühle

150 g Ziegenrolle

(oder anderer Ziegenkäse)

200 g Sahne

Saft von 1 Zitrone

1 EL Currypulver

Zubereitung:

1 Den Weißkohl halbieren und den Strunk keilförmig herausschneiden. Die Kohlhälften in einen großen Topf mit Wasser legen und stark kochen lassen, bis sich die Blätter lösen. Das Toastbrot in etwas Hühnerbrühe einweichen, danach gut ausdrücken.

2 Die Schalotten schälen und in kleine Würfel schneiden. Die Chilischoten längs halbieren, entkernen, waschen und in feine Streifen schneiden. Den Ingwer schälen und hacken. Die Petersilie waschen und trockenschütteln, die Blätter von den Stielen zupfen und fein hacken.

3 Für die Füllung die Hähnchenbrustfilets waschen, trockentupfen und in kleine Würfel schneiden. Das Fleisch mit Schalotten, Chili, Ingwer, Eiern, Toastbrot, Petersilie, Salz und Pfeffer mischen. Die Masse nach Belieben mit 2 EL Paniermehl stabilisieren.

4 Die Kohlblätter aus dem Wasser nehmen, auf Küchentüchern auslegen und trockentupfen. Pro Portion mehrere schöne Kohlblätter übereinander legen, jeweils mit etwas Füllung bestreichen und 1 Stück Ziegenkäse darauf geben. Die Blätter an den Längsseiten leicht einschlagen, aufrollen und mit Küchengarn zusammenbinden. Die Kohlrouladen in einen großen, breiten Topf oder in eine hohe Pfanne geben und mit Hühnerbrühe begießen. Die Rouladen sollten nebeneinander Platz haben und ganz mit Brühe bedeckt sein.

5 Die Kohlrouladen zugedeckt bei mittlerer Hitze etwa 1 Stunde köcheln lassen. Dann die Sahne zur Brühe geben und leicht einkochen lassen. Zitronensaft und Curry unterrühren. Die Kohlrouladen mit der Sauce auf Tellern anrichten.

Tipp

Wenn die Sauce zu dünnflüssig ist, kann man sie mit Mehlbutter binden: Einfach 50 g Butter mit 30 g Mehl verkneten und nach und nach unter die Sauce rühren, bis sie die gewünschte Konsistenz hat.

Gänsefrikadellen mit getrüffeltem Wirsingrahmgemüse

von Johann Lafer

Zutaten für 4 Personen:

2 Brötchen (vom Vortag)

1/4 l Milch

650 g Gänsefleisch (aus der Keule; ohne Haut und Fett)

4 Schalotten

3 Knoblauchzehen

2 EL Butter

200 g Sahne

1 Ei

1 EL Honig

1 EL Trüffelöl

Salz, Pfeffer aus der Mühle

1 1/2 EL gehackter Majoran

8 EL Butterschmalz

1 Kopf Wirsing (ca. 400 g)

50 ml weißer Portwein

100 ml Geflügelfond

1 Msp. Muskatnuss

80 g Trüffelbutter

1 EL geschlagene Sahne

1 kleiner schwarzer Trüffel

Zubereitung:

1 Die Brötchen in kleine Würfel schneiden. Die Milch erwärmen und die Brötchen darin 5 Minuten einweichen. Das Gänsefleisch in Streifen schneiden, durch den Fleischwolf drehen und in eine Schüssel geben.

2 Schalotten und Knoblauch schälen und in kleine Würfel schneiden. In einer Pfanne die Butter zerlassen, die Hälfte der Schalotten und des Knoblauchs darin glasig dünsten. 5 EL Sahne dazugeben, etwas einkochen und abkühlen lassen.

3 Den Backofen auf 130 °C vorheizen. Die eingeweichten Brötchen gut ausdrücken und mit dem Ei, dem Honig, dem Trüffelöl und der Schalotten-Knoblauch-Sahne-Mischung zu dem Gänsehackfleisch geben. Alles gut vermischen und kräftig mit Salz, Pfeffer und Majoran würzen.

4 Aus der Frikadellenmasse mit angefeuchteten Händen oder mithilfe eines Eisportionierers kleine Bällchen formen und zu Frikadellen flach drücken. In einer ofenfesten Pfanne 5 EL Butterschmalz zerlassen und die Frikadellen darin auf beiden Seiten goldbraun anbraten. Anschließend im vorgeheizten Ofen auf der mittleren Schiene etwa 12 Minuten fertig garen.

5 Vom Wirsing die äußeren Blätter entfernen, die inneren Blätter ablösen und waschen, die harten Blattrippen herausschneiden und den Wirsing in Rauten schneiden. Das restliche Butterschmalz in einer Pfanne zerlassen, die restlichen Schalotten, den restlichen Knoblauch und den Wirsing darin andünsten. Den Portwein, den Geflügelfond und die restliche Sahne dazugießen und den Wirsing bei schwacher Hitze weich garen. Das Gemüse mit Salz, Pfeffer und Muskatnuss abschmecken. Zuletzt die Trüffelbutter und die geschlagene Sahne unter das Wirsinggemüse heben.

6 Das Wirsingrahmgemüse auf Teller verteilen und die Gänsefrikadellen darauf anrichten. Den Trüffel dünn in die Bratbutter der Gänsefrikadellen hobeln und zum Schluss über Fleisch und Gemüse geben.

Lammfilet mit Couscous
und überbackenem Kürbis

von Sarah Wiener

Zutaten
für 4 Personen:

Überbackener Kürbis:

1 kleiner Hokkaido-Kürbis

2 EL Olivenöl

Salz, Pfeffer aus der Mühle

brauner Zucker

2 Schalotten

1 Knoblauchzehe

ca. 360 g geschälte Tomaten
(aus der Dose)

1 EL Rosmarinnadeln

2 EL Semmelbrösel

2 EL geriebener Parmesan

Couscous:

500 g Instant-Couscous

2 EL Olivenöl

Salz, Pfeffer aus der Mühle

je 1 Msp. gemahlener Koriander
und Kreuzkümmel

Lammfilet:

2 EL Butterschmalz

800 g Lammfilet

Salz, Pfeffer aus der Mühle

120 ml Lammfond

80 ml Rotwein

Zubereitung:

1 Für den überbackenen Kürbis den Backofen auf 180 °C vorheizen. Den Kürbis waschen, halbieren und entkernen, das Fruchtfleisch in 1/2 cm dicke Scheiben schneiden. Ein Backblech mit 1 EL Öl bestreichen und die Kürbisscheiben darauf verteilen. Mit Salz, Pfeffer und braunem Zucker würzen.

2 Die Schalotten und den Knoblauch schälen und in kleine Würfel schneiden. Das restliche Öl erhitzen, Schalotten und Knoblauch darin glasig dünsten. Die Tomaten in ein Sieb abgießen, klein schneiden und mitdünsten. Die Tomatensauce über den Kürbis gießen. Die Rosmarinnadeln, die Semmelbrösel und den Parmesan darüber streuen. Den Kürbis im vorgeheizten Ofen auf der mittleren Schiene etwa 20 Minuten garen.

3 Für den Couscous den Couscous mit dem Öl verrühren, mit 1/2 l kochendem Wasser übergießen und etwa 5 Minuten quellen lassen. Den Couscous mit einer Gabel auflockern und mit Salz, Pfeffer, Koriander und Kreuzkümmel abschmecken.

4 Für das Lammfilet das Butterschmalz in einer Pfanne zerlassen und das Fleisch darin rundum goldbraun braten. Aus der Pfanne nehmen, mit Salz und Pfeffer würzen und warm halten. Den Lammfond und den Rotwein in die Pfanne gießen und einkochen lassen.

5 Den Couscous auf Teller verteilen, das Lammfilet schräg in Scheiben schneiden und mit dem überbackenen Kürbisgemüse darauf anrichten. Den Fond über das Fleisch gießen.

Tipp

Hokkaido-Kürbisse haben nicht nur ein besonders zartes Fruchtfleisch – man kann die Kürbisse sogar mit Schale zubereiten. Achtung beim Einkauf: Kürbisse sollten eine tadellose Schale ohne Druckstellen haben.

GEFLÜGEL & FLEISCH

Kalbfleisch-Involtini **auf Tomatenragout**

von Johann Lafer

Zutaten
für 4 Personen:

4–5 Schalotten

3 Knoblauchzehen

1 Kugel Mozzarella (125 g)

24 große Basilikumblätter

8 dünne Kalbsschnitzel

(à 80 g)

Salz, Pfeffer aus der Mühle

8 Scheiben Parmaschinken

4 EL Olivenöl mit Limone

100 ml Weißwein

200 ml passierte Tomaten

(aus der Dose)

4 Tomaten

5 Stiele Petersilie

2–3 Stiele Kerbel

Chili aus der Gewürzmühle

(ersatzweise Chilipulver)

Zubereitung:

1 Die Schalotten und den Knoblauch schälen und in kleine Würfel schneiden. Den Mozzarella auf einem Sieb abtropfen lassen und trockentupfen, halbieren und die Hälften in je 4 gleich große Stücke schneiden. Die Basilikumblätter waschen und trockentupfen.

2 Die Kalbsschnitzel zwischen zwei Lagen Frischhaltefolie flach klopfen und mit Salz und Pfeffer würzen. Auf jedes Fleischstück 1 Scheibe Schinken legen. Darauf jeweils 3 Basilikumblätter geben und 1 Stück Mozzarella auf das Schnitzelende legen. Die Längsseiten der Fleischscheiben leicht einschlagen, dann die Schnitzel von der Breitseite her zu Rouladen aufrollen. Mit Holzspießen oder Rouladennadeln feststecken.

3 Das Öl in einer Pfanne erhitzen und die Involtini darin bei mittlerer Hitze rundum anbraten, mit Salz und Pfeffer würzen. Die Schalotten und den Knoblauch dazugeben und mit anbraten. Den Weißwein angießen und gut einkochen lassen. Die passierten Tomaten hinzufügen und 6 bis 8 Minuten schmoren lassen.

4 Die Tomaten kreuzweise einritzen, kurz in kochendes Wasser tauchen, kalt abschrecken, häuten, vierteln und entkernen. Die Kräuter waschen und trockenschütteln. Die Petersilienblätter abzupfen und in feine Streifen schneiden, die Kerbelblätter abzupfen und zum Garnieren beiseite legen. Die Tomatenviertel und die Petersilie zu den Involtini geben, alles mit Salz, Pfeffer und Chili abschmecken.

5 Die Involtini aus der Pfanne nehmen und jeweils schräg halbieren. Mit dem Tomatenragout auf Tellern anrichten und mit dem Kerbel garnieren.

Tipp

Dazu passen bunte Farfalle: Dafür 250 g Nudeln in kochendem Salzwasser nach Packungsanweisung bissfest garen, abgießen und in etwa 50 g zerlassener Butter und 2 EL Olivenöl mit Limone schwenken. Mit Salz und Pfeffer würzen. Zuletzt mit 50 g geriebenem Parmesan bestreuen und diesen leicht schmelzen lassen.

GEFLÜGEL & FLEISCH | 95

Saltimbocca mit Parmaschinken

von Johannes B. Kerner

Zutaten für 4 Personen:

8 dünne Kalbsschnitzel
8 dünne Scheiben Parmaschinken
Salz, Pfeffer aus der Mühle
4 EL Butter
1/8 l Marsala (ital. Dessertwein; oder trockener Weißwein)

Zubereitung:

1 Die Kalbsschnitzel am besten zwischen zwei Lagen Frischhaltefolie flach klopfen.

2 Die Schnitzel mit je 1 Scheibe Schinken belegen und mit Zahnstochern feststecken. Die Schnitzel wenden und leicht mit Salz und Pfeffer würzen.

3 In einer breiten Pfanne die Butter bei mittlerer Hitze zerlassen. Die Schnitzel mit der Schinkenseite nach unten in die Pfanne legen und etwa 2 Minuten braten.

4 Die Schnitzel wenden und 1 weitere Minute braten. Aus der Pfanne nehmen und in Alufolie gewickelt warm halten.

5 Den Marsala zum Bratenfond gießen und einmal kurz aufkochen lassen. Die Schnitzel mit der Sauce auf Tellern anrichten. Dazu schmecken Ciabatta oder Kartoffelgratin und ein grüner Salat.

Tipp

Wundern Sie sich nicht, dass der Salbei fehlt: Ich mag das Kraut in Hustenbonbons und -tees, aber nicht auf dem Schnitzel! Je nach Geschmack können Sie natürlich noch jeweils 2 Salbeiblätter mit auf die Schnitzel stecken. Man kann für dieses Rezept auch Puten- oder Hähnchenbrust verwenden.

Kalbsleber »Berliner Art«

von Ralf Zacherl

**Zutaten
für 4 Personen:**

700 g mehlig kochende
Kartoffeln

Salz

200 ml Milch

4 EL Butter

1 Msp. Muskatnuss

3 Zwiebeln

5 EL Öl

600 g Kalbsleber

2 säuerliche Äpfel

(z. B. Boskop)

Pfeffer aus der Mühle

Mehl

3 EL Honig

6 EL Aceto balsamico

Zubereitung:

1 Die Kartoffeln schälen, halbieren und in Salzwasser gar kochen. Abgießen und mit dem Kartoffelstampfer zerdrücken. Die Milch, 3 EL Butter, Salz und Muskatnuss unter die Kartoffeln rühren und das Kartoffelpüree warm halten.

2 Die Zwiebeln schälen und in Ringe schneiden. In einer Pfanne 2 EL Öl erhitzen und die Zwiebeln darin goldbraun rösten. Wenn sie die gewünschte Farbe haben, auf Küchenpapier abtropfen lassen und beiseite stellen.

3 Die Kalbsleber von Häuten und Sehnen befreien und in möglichst dünne Scheiben schneiden. Die Äpfel waschen, entkernen und in etwa 1 cm dicke Scheiben schneiden. Die Leberscheiben mit Pfeffer würzen und leicht mit Mehl bestäuben. In einer Pfanne das restliche Öl erhitzen und die Leberscheiben darin auf beiden Seiten je 2 bis 3 Minuten braten. Die Leber aus der Pfanne nehmen.

4 Die Apfelscheiben in die Pfanne geben und anbraten. Den Honig dazugeben und leicht karamellisieren lassen. Den Essig hinzufügen und die restliche Butter darin schmelzen. Die Leberscheiben mit Salz würzen, kurz zu den Äpfeln in die Pfanne geben und erwärmen. Die Leber mit den Apfelscheiben und dem Kartoffelpüree anrichten. Die gerösteten Zwiebeln mit Salz würzen und auf der Leber verteilen.

Tipp

Die Leber bekommt einen italienischen Touch, wenn man auf die Äpfel verzichtet und eine Sauce aus jeweils 75 ml Kalbsfond und Weißwein und 3 bis 4 EL Aceto balsamico zubereitet. Als Kräuter passen Petersilie und Thymian dazu.

Kalbsmedaillons mit Spargel und Bärlauchpesto

von Rainer Sass

**Zutaten
für 4 Personen:**

20 weiße Spargelstangen

3 EL Butter

Salz, Zucker

8 Cocktailtomaten

(an der Rispe)

8 EL Olivenöl

grobes Meersalz

20 Pinienkerne

100 g Bärlauch

4 Kalbsrückensteaks

(à ca. 120 g)

Pfeffer aus der Mühle

100 g Sahne

100 ml trockener Weißwein

Zubereitung:

1 Die Spargelstangen schälen und die holzigen Enden abschneiden. In einen Topf geben, mit Wasser bedecken und 1 EL Butter sowie je 1 TL Salz und Zucker hinzufügen. Das Wasser zum Kochen bringen und den Spargel darin offen 15 bis 20 Minuten bissfest garen.

2 Den Backofen auf 180 °C vorheizen. Die Cocktailtomaten an der Rispe waschen und vorsichtig trockentupfen. In eine kleine Auflaufform geben, mit 2 EL Öl beträufeln und mit Meersalz bestreuen. Die Tomaten im vorgeheizten Ofen auf der mittleren Schiene etwa 5 Minuten garen, bis die Haut der Tomaten aufplatzt.

3 Für das Pesto die Pinienkerne in einer beschichteten Pfanne ohne Fett leicht anrösten und abkühlen lassen. Den Bärlauch waschen, trockentupfen und grob schneiden. Bärlauch und Pinienkerne mit 4 EL Öl im Blitzhacker oder im Küchenmixer pürieren.

4 Die Kalbsrückensteaks mit Salz und Pfeffer würzen. In einer Pfanne das restliche Öl und 1 EL Butter erhitzen und die Medaillons darin auf jeder Seite 3 Minuten braten. In Alufolie wickeln und 2 bis 3 Minuten ruhen lassen.

5 Das Bärlauchpesto in einen kleinen Topf geben. Die Sahne, den Weißwein und die restliche Butter dazugeben und das Pesto nur erhitzen, nicht kochen! Mit wenig Salz, Pfeffer und 1 Prise Zucker würzen. Die Kalbsmedaillons mit dem Bärlauchpesto, den Tomaten und dem Spargel auf Tellern anrichten.

Tipp

Mit etwas Olivenöl abgedeckt, kann man das Bärlauchpesto mehrere Tage im Kühlschrank aufbewahren. Es schmeckt auch köstlich mit frisch gekochten, dampfenden Nudeln.

GEFLÜGEL & FLEISCH

Kalbsmedaillons mit Topinamburgröstel

von Johann Lafer

Zutaten
für 4 Personen:

Kalbsmedaillons:

8 kräftige Zweige Rosmarin

8 Kalbsmedaillons (à 50 g)

8 Scheiben Bacon

(Frühstücksspeck)

Salz, Pfeffer aus der Mühle

3 EL Olivenöl

Topinamburgröstel:

800 g Topinamburwurzeln

150 g junger Blattspinat

3 Schalotten

2 Knoblauchzehen

3 EL Butterschmalz

Salz, Pfeffer aus der Mühle

5 EL Butter

Außerdem:

100 g gesalzene

Macadamianüsse

2–3 Stiele Kerbel

4 EL alter Aceto balsamico

Zubereitung:

1 Für die Kalbsmedaillons den Backofen auf 120 °C vorheizen. Den Rosmarin waschen und trockenschütteln. Die Kalbsmedaillons jeweils mit 1 Scheibe Speck ummanteln und mit 1 Rosmarinzweig zusammenstecken. Mit Salz und Pfeffer würzen.

2 Das Öl in einer ofenfesten Pfanne erhitzen und die Medaillons darin auf beiden Seiten scharf anbraten. Anschließend im vorgeheizten Ofen auf der mittleren Schiene etwa 10 Minuten fertig garen.

3 Für das Topinamburgröstel den Topinambur waschen, schälen und in 4 mm dicke Scheiben schneiden. Den Spinat putzen, waschen und trockentupfen, die groben Stiele entfernen. Die Schalotten und den Knoblauch schälen und in kleine Würfel schneiden.

4 Das Butterschmalz in einer großen Pfanne zerlassen und die Topinamburscheiben darin auf beiden Seiten goldbraun braten (die Scheiben sollten nebeneinander in der Pfanne liegen), mit Salz und Pfeffer würzen. Die Schalotten und den Knoblauch unter den Topinambur mischen. Die Butter dazugeben, den Spinat hinzufügen und zusammenfallen lassen. Das Gröstel mit Salz und Pfeffer abschmecken.

5 Die Macadamianüsse hacken und in einer beschichteten Pfanne ohne Fett leicht anrösten. Den Kerbel waschen und trockenschütteln, die Blätter von den Stielen zupfen.

6 Das Topinamburgröstel auf Teller verteilen und mit dem Essig beträufeln. Die Kalbsmedaillons darauf anrichten, mit den gehackten Nüssen und dem Kerbel garnieren.

Tipp

Wenn Sie jungen Spinat verwenden, können Sie die Blätter direkt mit in die Pfanne geben. Große Spinatblätter sollte man vorab in Salzwasser blanchieren und kalt abschrecken.

GEFLÜGEL & FLEISCH | 101

Kalbsfrikadellen mit Schnippelbohnen

von Johann Lafer

Zutaten
für 4 Personen:

Kalbsfrikadellen:

1 Brötchen (vom Vortag)

100 ml Milch

400 g Kalbshackfleisch

4-5 Schalotten

2 EL getrocknete,

in Öl eingelegte Tomaten

50 g Vulcano-Schinken

2 EL Butter

1 EL gehackte Petersilie

1 Ei, Chili und Koriander

aus der Gewürzmühle

Salz, 1 EL Sweet-Chili-Sauce

je 1 Zweig Thymian

und Rosmarin, 1 Knoblauchzehe

3 EL Butterschmalz

Bratkartoffeln:

600 g fest kochende Kartoffeln

Salz, 5 Schalotten

60 g Dörrfleisch

2 EL Butterschmalz

Pfeffer aus der Mühle

gemahlener Kümmel

1 EL Butter

1 EL gehackte Petersilie

Schnippelbohnen:

250 g breite Stangenbohnen

Salz, 2 Zweige Bohnenkraut

1 Schalotte, 1 Knoblauchzehe

2 EL Butter, 50 g Sahne

50 ml Gemüsebrühe

Pfeffer aus der Mühle

1 EL geschlagene Sahne

Zubereitung:

1 Für die Kalbsfrikadellen das Brötchen entrinden und in kleine Würfel schneiden. In einer beschichteten Pfanne ohne Fett rösten und mit Milch übergießen. Etwas ziehen lassen und mit dem Kalbshackfleisch in eine Schüssel geben.

2 Die Schalotten schälen, 1 Schalotte halbieren und beiseite legen, den Rest in kleine Würfel schneiden. Die getrockneten Tomaten und den Schinken ebenfalls in kleine Würfel schneiden. Die Butter zerlassen, die Schalotten-, Tomaten- und Schinkenwürfel darin kurz anbraten. Die Petersilie dazugeben, alles kurz abkühlen lassen und zu der Hackfleischmasse geben. Das Ei unterrühren, mit Chili und Koriander würzen und mit Salz und Sweet-Chili-Sauce abschmecken. Alles gut vermischen und die Masse etwas ruhen lassen.

3 Thymian und Rosmarin waschen und trockenschütteln. Den Knoblauch schälen und in kleine Würfel schneiden. Aus der Hackmasse mit angefeuchteten Händen Bällchen formen und zu Frikadellen flach drücken. Das Butterschmalz in einer Pfanne zerlassen und die Frikadellen darin bei mittlerer Hitze auf beiden Seiten anbraten. Thymian, Rosmarin, Knoblauch und die beiseite gelegten Schalottenhälften dazugeben und die Frikadellen langsam fertig braten, dabei immer wieder mit dem aromatisierten Bratfett übergießen.

4 Für die Bratkartoffeln die Kartoffeln in Salzwasser gar kochen, pellen, abkühlen lassen und in dünne Scheiben schneiden (am besten macht man dies bereits am Vortag). Die Schalotten schälen und ebenso wie das Dörrfleisch in kleine Würfel schneiden. Das Butterschmalz in einer Pfanne zerlassen und die Kartoffelscheiben darin anbraten. Das Dörrfleisch dazugeben und anbräunen lassen. Die Schalotten hinzufügen und mit anbraten. Mit Salz, Pfeffer und Kümmel abschmecken. Die Butter und die Petersilie in die Pfanne geben und die Bratkartoffeln damit glasieren. Sofort vom Herd nehmen.

5 Für die Schnippelbohnen die Bohnen putzen, waschen und mit dem Sparschäler längs in Streifen schneiden. In kochendem Salzwasser bissfest blanchieren und kalt abschrecken. Das Bohnenkraut waschen, trockentupfen und die Blätter abzupfen. Schalotte und Knoblauch schälen und in kleine Würfel schneiden. Die Butter zerlassen, Schalotte und Knoblauch darin glasig dünsten. Die Sahne und die Gemüsebrühe dazugießen, mit Salz und Pfeffer würzen und auf die Hälfte einkochen lassen. Die Bohnen und das Bohnenkraut dazugeben und alles gut vermischen. Zuletzt die geschlagene Sahne unterheben.

Ungarisches Gulasch

von Johannes B. Kerner

**Zutaten
für 4 Personen:**

800 g Rindfleisch
(aus Keule oder Schulter)
600 g Zwiebeln
1 Kartoffel
4 EL Öl
1 1/2 EL Paprikapulver
(edelsüß)
1/2 TL gemahlener Kümmel
2 Lorbeerblätter
1/2 l Fleischbrühe
Salz, Pfeffer aus der Mühle

Zubereitung:

1 Das Fleisch von Fett und Sehnen befreien und in etwa 3 cm große Würfel schneiden. Die Zwiebeln schälen, längs halbieren und in Ringe schneiden. Die Kartoffel schälen und in kleine Würfel schneiden.

2 Das Öl in einem Schmortopf erhitzen und die Fleischwürfel darin portionsweise von allen Seiten anbraten. Das Fleisch herausnehmen und beiseite stellen. Die Kartoffelwürfel und die Zwiebeln im verbliebenen Fett anbraten.

3 Die Fleischwürfel wieder in den Topf geben, Paprikapulver, Kümmel und Lorbeerblätter hinzufügen. Die Fleischbrühe angießen und einmal aufkochen lassen. Das Gulasch zugedeckt bei schwacher Hitze etwa 1 1/2 Stunden schmoren lassen, dabei gelegentlich umrühren.

4 Das Rindergulasch mit Salz und Pfeffer abschmecken. Als Beilage passen Reis, Salzkartoffeln oder Nudeln.

Tipp

*Richtig feurig wird das Gulasch
mit scharfem Paprikapulver oder
1 Prise Cayennepfeffer. Wer mag,
kann das Gulasch vor dem Servieren
noch mit 2 bis 3 EL Sahne verfeinern.*

GEFLÜGEL & FLEISCH

Rinderfilet mit Portweinzwiebeln
und Koriander-Grießnocken
von Johann Lafer

Zutaten
für 4 Personen:

Filet:

800 g Rinderfilet

20 g durchwachsener Speck

(in dünnen Scheiben)

Meersalz aus der Mühle

Pfeffer aus der Mühle

4 Zweige Rosmarin

5 Zweige Thymian

3 Stiele Petersilie

2 Knoblauchzehen

2 EL Butterschmalz

Portweinzwiebeln:

150 g Perlzwiebeln

1 Knoblauchzehe

10 g Ingwer

4 EL Zucker

175 ml Portwein

200 ml Rotwein

200 ml Rinderfond

Salz, Pfeffer aus der Mühle

Koriander-Grießnocken:

1/2 l Milch

100 g Butter

Salz, Pfeffer aus der Mühle

Muskatnuss

175 g Grieß

1 Ei, 2 Eigelb

1/2 TL gemahlener Koriander

3 Stiele Koriander

3 EL salzige Butter

Zubereitung:

1 Für das Filet den Backofen auf 120 °C vorheizen. Das Fleisch von Fett und Sehnen befreien und der Länge nach wie einen Rollbraten spiralförmig aufschneiden, sodass man am Ende eine 1 cm dicke, große Scheibe erhält. Die Speckscheiben darauf legen, mit Meersalz und Pfeffer würzen. Die Kräuter waschen und trockenschütteln. 1 Rosmarin- und 2 Thymianzweige beiseite legen, von den restlichen Kräutern die Blätter bzw. Nadeln abzupfen und grob hacken. Die gehackten Kräuter auf das Filet streuen, das Fleisch einrollen und mit Küchengarn zusammenbinden. Das Filet in 4 gleich große Steaks schneiden.

2 Den Knoblauch schälen und mit einem Messer leicht andrücken. Das Butterschmalz in einer ofenfesten Schmorpfanne ohne Stiel zerlassen und die Steaks darin auf beiden Seiten etwa 2 Minuten anbraten. Die beiseite gelegten Kräuterzweige und den Knoblauch dazugeben und das Fleisch im vorgeheizten Ofen auf der mittleren Schiene 15 bis 20 Minuten garen. Aus dem Ofen nehmen und etwa 5 Minuten ruhen lassen.

3 Für die Portweinzwiebeln Perlzwiebeln, Knoblauch und Ingwer schälen. Knoblauch und Ingwer fein hacken. Den Zucker in einem Topf karamellisieren und die Perlzwiebeln darin anrösten. Knoblauch, Ingwer, Port- und Rotwein dazugeben, aufkochen und etwa auf ein Drittel einkochen lassen. Den Rinderfond dazugeben und alles einkochen lassen, bis die Perlzwiebeln weich sind und die Sauce dickflüssig ist. Die Portweinzwiebeln mit Salz und Pfeffer abschmecken.

4 Für die Koriander-Grießnocken die Milch mit Butter, Salz, Pfeffer und Muskatnuss aufkochen. Nach und nach den Grieß unter Rühren einrieseln und quellen lassen. Den Grieß vom Herd nehmen, das Ei und die Eigelbe unterrühren. Mit dem gemahlenen Koriander würzen und abkühlen lassen. Reichlich Wasser in einem Topf zum Kochen bringen. Aus der Grießmasse mit angefeuchteten Händen Nocken formen, im leicht siedenden Wasser etwa 10 Minuten gar ziehen lassen.

5 Den Koriander waschen und trockenschütteln, die Blätter von den Stielen zupfen und grob hacken. Die Grießnocken mit einer Schaumkelle aus dem Wasser heben und abtropfen lassen. Die Salzbutter in einer Pfanne zerlassen und die Nocken darin kurz anbraten. Mit dem gehackten Koriander bestreuen. Die Filets mit den Portweinzwiebeln und den Koriander-Grießnocken anrichten.

GEFLÜGEL & FLEISCH | 105

Rumpsteak mit Maronenkruste
und rahmigem Kürbisgemüse *von Johann Lafer*

**Zutaten
für 4 Personen:**

Rumpsteak:

1 Scheibe Toastbrot

150 g vorgegarte Maronen

(aus der Dose)

100 g weiche Butter

Salz, Pfeffer aus der Mühle

Chili aus der Gewürzmühle

(ersatzweise Chilipulver)

1 Zweig Rosmarin

1/2 Zweig Thymian

2 Knoblauchzehen

4 Rumpsteaks (à 150 g)

3 EL Butterschmalz

2 EL Butter

Kürbisgemüse:

600 g Kürbis

(z. B. Muskat oder Hokkaido)

2 Schalotten

1 Knoblauchzehe

5 EL Butter

1 EL Mehl

100 ml Geflügelfond

150 g Sahne

Salz, Pfeffer aus der Mühle

1 Msp. Muskatnuss

3 EL Kürbiskerne

Saft von 1 Limette

1–2 EL geschlagene Sahne

Zubereitung:

1 Für das Rumpsteak den Backofen auf 120 °C vorheizen. Das Toastbrot entrinden und in kleine Würfel schneiden. Mit den Maronen im Blitzhacker oder im Küchenmixer fein zerkleinern. Die weiche Butter schaumig schlagen und mit der Maronen-Toastbrot-Mischung verrühren. Mit Salz, Pfeffer und Chili würzen.

2 Rosmarin und Thymian waschen und trockentupfen. Den Knoblauch schälen und mit einem Messer andrücken. Die Rumpsteaks mit Salz und Pfeffer würzen. Das Butterschmalz in einer Pfanne zerlassen und die Steaks darin auf beiden Seiten anbraten. Die Kräuterzweige und die Butter hinzufügen.

3 Alles auf ein mit Alufolie ausgelegtes Backblech geben und die Steaks im vorgeheizten Ofen auf der mittleren Schiene 10 bis 15 Minuten fertig garen.

4 Den Backofengrill einschalten. Die Rumpsteaks gleichmäßig dick mit der Maronenbutter bestreichen und unter dem Backofengrill goldbraun überbacken. Das Fleisch herausnehmen und etwas ruhen lassen.

5 Für das Kürbisgemüse den Kürbis schälen, entkernen und auf der Gemüsereibe grob raspeln. Die Schalotten und den Knoblauch schälen und in kleine Würfel schneiden. In einer Pfanne die Butter zerlassen, Schalotten und Knoblauch darin glasig dünsten. Den Kürbis dazugeben, mit Mehl bestäuben und kurz mitdünsten. Den Geflügelfond und die Sahne dazugießen und bei mittlerer Hitze etwa 5 Minuten köcheln lassen. Mit Salz, Pfeffer und Muskatnuss abschmecken.

6 Die Kürbiskerne in einer beschichteten Pfanne ohne Fett leicht anrösten und hacken. Das Kürbisgemüse mit Limettensaft und geschlagener Sahne verfeinern, auf Tellern anrichten und mit den Kürbiskernen bestreuen. Die überbackenen Rumpsteaks darauf anrichten und zuletzt nach Belieben jeweils etwas Kürbiskernöl am Tellerrand entlang träufeln.

Hirschschnitzel in Cantuccini-Panade
mit Birnen-Gewürz-Ragout

von Johann Lafer

**Zutaten
für 4 Personen:**

Birnen-Gewürz-Ragout:

400 ml frisch gepresster
Orangensaft

2 Zimtstangen

Mark von 1 Vanilleschote

3 Sternanis

4 Kardamomkapseln

2 Gewürznelken

1½ EL Honig

4 Birnen

1 EL Speisestärke

2 EL Birnengeist

Hirschschnitzel:

250 g Cantuccini
(italienische Mandelkekse)

8 Hirschschnitzel (à 50 g)

Salz, Pfeffer aus der Mühle

2 Eier

1 EL geschlagene Sahne

50 g Mehl

100 g Butterschmalz

Quarkspätzle:

4 Eier

100 g Quark

Salz, Pfeffer aus der Mühle

1 Msp. Muskatnuss

250 g Mehl

5 EL Butter

1 EL gehackte Petersilie

Zubereitung:

1 Für das Birnen-Gewürz-Ragout den Orangensaft in einem Topf mit Zimt, Vanillemark, Sternanis, Kardamom, Nelken und dem Honig aufkochen, dann die Hitze reduzieren. Die Birnen schälen, vierteln, entkernen und in Spalten schneiden. Die Birnen im leicht köchelnden Gewürzsud etwa 10 Minuten pochieren. Die Stärke mit dem Birnengeist verrühren und das Birnen-Gewürz-Ragout damit leicht binden.

2 Für die Hirschschnitzel die Cantuccini im Blitzhacker oder im Küchenmixer fein zerkleinern. Die Hirschschnitzel zwischen zwei Lagen Frischhaltefolie flach klopfen und kräftig mit Salz und Pfeffer würzen. Die Eier mit der Sahne verquirlen. Die Schnitzel zuerst im Mehl wenden, dann durch das verquirlte Ei-Sahne-Gemisch ziehen und zuletzt mit den Cantuccinibröseln panieren.

3 Das Butterschmalz in einer hohen Pfanne zerlassen und die panierten Hirschschnitzel darin auf beiden Seiten goldbraun ausbacken. Auf Küchenpapier abtropfen lassen und mit Salz würzen.

4 Für die Quarkspätzle die Eier und den Quark verrühren, mit Salz, Pfeffer und Muskatnuss würzen. Das Mehl dazusieben und alles zu einem glatten Teig verrühren. Reichlich Salzwasser zum Kochen bringen und den Teig portionsweise durch eine Spätzlepresse in das Wasser streichen. Die Hitze reduzieren. Wenn die Spätzle an die Oberfläche steigen, mit einer Schaumkelle herausheben.

5 In einer Pfanne die Butter zerlassen und die Quarkspätzle darin schwenken. Die Petersilie dazugeben und die Spätzle mit Salz und Pfeffer würzen. Die Hirschschnitzel mit den Quarkspätzle und dem Birnen-Gewürz-Ragout anrichten.

Tipp

Um die Schnitzel flach zu klopfen, sollten Sie kein Werkzeug mit Noppen verwenden – ansonsten wird die Struktur des Fleisches zerstört. Am besten benutzt man ein Plattiereisen oder klopft die Schnitzel mit einem Pfannenboden flach.

Geht einfach, macht viel her

Bloody Mary **mit Fisch**

von Rainer Sass

**Zutaten
für 4 Personen:**

2 Tomaten

200 g Fischfilet

(Seezunge, Seeteufel oder

Rotbarsch, auch gemischt)

Salz, Pfeffer aus der Mühle

3 EL Olivenöl

1 Schalotte

1 Knoblauchzehe

1 rote Chilischote

2 Stangen Staudensellerie

(mit etwas Grün)

1/2 l Tomatensaft

Zucker

100 g gegartes Krabbenfleisch

Zubereitung:

1 Die Tomaten kreuzweise einritzen, kurz in kochendes Wasser tauchen, kalt abschrecken, häuten, vierteln und entkernen. Das Fruchtfleisch in kleine Würfel schneiden und beiseite stellen. Den Fisch waschen und trockentupfen, in mundgerechte Stücke schneiden und mit Salz und Pfeffer würzen. In einer Pfanne 2 EL Öl erhitzen und die Fischstücke darin auf beiden Seiten jeweils etwa 2 Minuten braten. Auf Küchenpapier abtropfen und abkühlen lassen.

2 Schalotte und Knoblauch schälen und in kleine Würfel schneiden. Die Chilischote längs halbieren, entkernen, waschen und in feine Streifen schneiden. Den Staudensellerie putzen, waschen und in feine Würfel schneiden. Das Grün hacken und beiseite stellen. Das restliche Öl in der Pfanne erhitzen und die Schalotten- und Knoblauchwürfel darin glasig dünsten. Chili und Sellerie dazugeben und mitdünsten. Die Tomatenwürfel und den Tomatensaft dazugeben, mit Salz, Pfeffer und 1 Prise Zucker würzen. Die Bloody Mary vom Herd nehmen und etwas abkühlen lassen.

3 Die Fischstücke und das Krabbenfleisch vorsichtig unter die Bloody Mary mischen. In Cocktailgläser füllen und mit Selleriegrün bestreut servieren.

Tipp

Die Bloody Mary ist die ideale Party-Vorspeise – da werden Ihre Gäste Augen machen. Sie sieht gut aus, lässt sich gut vorbereiten und schmeckt im Sommer wie im Winter.

Melonen-Champagner-Kaltschale

von Johann Lafer

Zutaten für 4 Personen:

4 Charentais-Melonen
1 unbehandelte Limette
60 ml Pflaumenwein
50 g Puderzucker
Chili aus der Gewürzmühle (ersatzweise Chilipulver)
150 g Eiswürfel
7 Stiele Estragon
100 ml Champagner
50 g Pinienkerne
200 g gegarte Eismeergarnelen

Zubereitung:

1. Die Melonen waschen und trockenreiben, jeweils das obere Drittel zickzackförmig einschneiden und den Deckel abheben. Die Melonen entkernen, aus dem Fruchtfleisch mit einem Kugelausstecher etwa 40 kleine Kugeln ausstechen und beiseite stellen. Das restliche Fruchtfleisch mit einem Löffel herausschaben, davon 300 g abwiegen und im Küchenmixer pürieren.

2. Die Limette heiß waschen, trockenreiben und die Schale fein abreiben. Die Frucht halbieren und den Saft auspressen. Limettenschale und -saft mit Pflaumenwein, Puderzucker, Chili und Eiswürfeln zum Melonenfruchtfleisch in den Mixer geben und pürieren.

3. Den Estragon waschen und trockenschütteln, die Blätter von den Stielen zupfen. Die Hälfte der Estragonblätter zum Garnieren beiseite stellen, die andere Hälfte fein hacken und mit dem Champagner unter die Melonenmischung rühren. Die Pinienkerne in einer beschichteten Pfanne ohne Fett anrösten.

4. Die Eismeergarnelen und die Melonenkugeln in die ausgehöhlten Melonen füllen und die Melonen-Champagner-Mischung dazugießen. Die Pinienkerne über die Kaltschale streuen und mit dem restlichen Estragon garnieren.

Tipp

Diese Kaltschale ist ein wunderbar erfrischendes Sommergericht, vor allem wenn man sie auf zerstoßenem Eis serviert. Für die Suppe unbedingt nur reife Melonen verwenden – Sie erkennen sie beim Einkauf am intensiven Duft.

GEHT EINFACH, MACHT VIEL HER | 113

Speck-Garnelen-Spieß mit Apfel

von Ralf Zacherl

Zutaten für 4 Personen:

600 g mehlig kochende Kartoffeln
Salz
12 Riesengarnelen (frisch oder tiefgekühlt)
6 Scheiben Bacon (Frühstücksspeck)
1 rote oder gelbe Paprikaschote
1 Apfel
1 rote Zwiebel
Pfeffer aus der Mühle
2 EL Olivenöl
1 Bund Schnittlauch
100 g Crème fraîche
1 Msp. Muskatnuss

Zubereitung:

1 Die Kartoffeln schälen, halbieren und in Salzwasser gar kochen. Abgießen, mit dem Kartoffelstampfer zerdrücken und warm halten.

2 Die Garnelen schälen, am Rücken entlang einschneiden und den Darm entfernen (tiefgekühlte Garnelen auftauen lassen). Die Garnelen waschen, trockentupfen und jeweils mit 1/2 Scheibe Speck umwickeln.

3 Die Paprikaschote längs halbieren, entkernen und waschen. Den Apfel waschen, vierteln und entkernen. Die Zwiebel schälen und vierteln. Alles in mundgerechte Stücke schneiden. Die Garnelen mit den Paprika-, Zwiebel- und Apfelstücken abwechselnd auf Holzspieße stecken, mit Salz und Pfeffer würzen. Das Öl in einer Pfanne erhitzen und die Spieße darin bei mittlerer Hitze auf allen Seiten braten.

4 Den Schnittlauch waschen, trockenschütteln und in Röllchen schneiden. Die Crème fraîche und den Schnittlauch unter die zerstampften Kartoffeln mischen. Mit Salz und Muskatnuss abschmecken und auf Teller verteilen. Die Speck-Garnelen-Spieße darauf anrichten.

Tipp

Im Sommer kann man die Spieße auch auf dem Holzkohlegrill zubereiten. Statt Apfel- können Sie auch Ananasstücke auf die Spieße stecken und die rote Zwiebel durch eine herkömmliche Gemüsezwiebel ersetzen.

Langostinos im Knusperteig
mit Mango-Chutney

von Johann Lafer

**Zutaten
für 4 Personen:**

Mango-Chutney:

4 Schalotten

2 reife Mangos

1 rote Chilischote

3 Stiele Koriander

80 g Zucker

1 EL geriebener Ingwer

8 EL Balsamico bianco

Salz

Langostinos:

16 kleine frische Langostinos

(Scampi oder Kaisergranat)

30 g Ingwer

3 Knoblauchzehen

Salz, Pfeffer aus der Mühle

4 runde Brick-Teigblätter

(ca. 30 cm Ø; ersatzweise

Filoteig)

1 Eiweiß

1/2 l Traubenkernöl

Zubereitung:

1 Für das Mango-Chutney die Schalotten schälen und in Streifen schneiden. Die Mangos schälen, das Fruchtfleisch zuerst in breiten Streifen vom Stein und dann in kleine Würfel schneiden. Die Chilischote längs halbieren, entkernen, waschen und ebenfalls in kleine Würfel schneiden. Den Koriander waschen und trockenschütteln, die Blätter von den Stielen zupfen und fein hacken.

2 Den Zucker in einem Topf karamellisieren, die Schalotten und den Ingwer darin anrösten. Den Essig dazugießen und etwa 10 Minuten köcheln lassen. Die Mangowürfel dazugeben und mit Salz würzen. Chili unterrühren und alles kurz aufkochen. Das Chutney vom Herd nehmen und abkühlen lassen. Dann den Koriander untermischen.

3 Für die Langostinos die Langostinos schälen, am Rücken entlang einschneiden und den Darm entfernen. Die Langostinos waschen und trockentupfen. Ingwer und Knoblauch schälen und fein hacken. Die Langostinos damit einreiben, mit Salz und Pfeffer würzen.

4 Die Teigblätter vierteln und mit dem Eiweiß bestreichen. Die Langostinos jeweils auf die Spitze eines Teigdreiecks legen, zur Breitseite hin einrollen und mit einem Zahnstocher feststecken. Das Öl auf 170 °C erhitzen und die Langostinos darin portionsweise etwa 1 Minute goldbraun frittieren. Auf Küchenpapier abtropfen lassen und mit Salz würzen. Die Langostinos mit dem Mango-Chutney anrichten.

Tipp

Statt Traubenkernöl kann man zum Frittieren auch das günstigere Maiskeimöl nehmen. Das Öl ist heiß genug, wenn an einem Holzlöffelstiel, den man ins Fett hält, kleine Bläschen aufsteigen.

Kabeljau mediterran

von Sarah Wiener

Zutaten für 4 Personen:

- 2 Schalotten
- 1 EL Olivenöl
- 4 Knoblauchzehen
- 500 g reife Tomaten
- 1 EL Tomatenmark
- Cayennepfeffer
- Meersalz aus der Mühle
- Pfeffer aus der Mühle
- je 4 kleine Zweige Thymian, Oregano, Majoran, Rosmarin
- 800 g Kabeljaufilet
- 2 TL Butter
- Saft von 1/2 Zitrone
- Salz

Zubereitung:

1 Die Schalotten schälen und in kleine Würfel schneiden. Das Öl erhitzen und die Schalotten darin glasig dünsten. Den Knoblauch schälen, 2 Zehen in kleine Würfel schneiden, die restlichen Zehen halbieren und beiseite legen.

2 Die Tomaten waschen, vierteln und entkernen, dabei den Stielansatz entfernen. Mit den Schalotten, den Knoblauchwürfeln und dem Tomatenmark im Blitzhacker oder mit dem Stabmixer pürieren. Die Tomatensauce mit Cayennepfeffer, Meersalz und Pfeffer abschmecken.

3 Den Backofen auf 190 °C vorheizen. Die Kräuter waschen und trockenschütteln. Das Fischfilet waschen und trockentupfen, in 4 Teile schneiden und jeweils auf ein großes Stück Alufolie legen. Auf jedes Fischstück 1/2 Knoblauchzehe und 1/2 TL Butter geben und etwas Zitronensaft darüber träufeln. Mit Salz und Pfeffer würzen und je 1 Zweig Thymian, Oregano, Majoran und Rosmarin darauf legen. Die Alufolie fest verschließen und die Fischpäckchen im vorgeheizten Ofen auf der mittleren Schiene etwa 15 Minuten garen.

4 Die Tomatensauce noch einmal abschmecken. Die Fischpäckchen aus dem Backofen nehmen und öffnen. Die Tomatensauce über den Fisch geben und servieren.

Tipp

Dies ist ein ideales Gericht für die Gartenparty, denn die Fischpäckchen lassen sich genauso gut auf dem Holzkohlegrill zubereiten. Die Tomatensauce wird fester und gehaltvoller, wenn man zusätzlich 1 fein geraspelte Möhre unterrührt. Zu dem Kabeljau passt am besten Ciabatta.

GEHT EINFACH, MACHT VIEL HER | 117

Linguine mit Artischocken und Garnelen

von Johannes B. Kerner

Zutaten für 4 Personen:

4 große Tomaten
3 Frühlingszwiebeln
8 eingelegte Artischockenherzen
250 g Garnelen
(frisch oder tiefgekühlt)
400 g Linguine
Salz
2 EL Olivenöl
100 ml trockener Sherry
200 g Sahne
2 EL eingelegte grüne Pfefferkörner
Cayennepfeffer

Zubereitung:

1 Die Tomaten kreuzweise einritzen, kurz in kochendes Wasser tauchen, kalt abschrecken, häuten, vierteln und entkernen, das Fruchtfleisch in kleine Würfel schneiden. Die Frühlingszwiebeln putzen, waschen und in feine Ringe schneiden. Die Artischockenherzen auf Küchenpapier abtropfen lassen und in Streifen schneiden.

2 Die Garnelen schälen, am Rücken entlang einschneiden und den Darm entfernen (tiefgekühlte Garnelen auftauen lassen). Die Garnelen waschen und trockentupfen. Die Linguine in reichlich kochendem Salzwasser nach Packungsanweisung bissfest garen.

3 In einer Pfanne das Öl erhitzen und die Frühlingszwiebeln darin weich dünsten. Die Garnelen und die Artischocken dazugeben und kurz mitdünsten. Dann die Tomatenwürfel hinzufügen.

4 Den Sherry, die Sahne und den grünen Pfeffer unterrühren und etwa auf ein Drittel einkochen lassen, mit Salz und Cayennepfeffer kräftig würzen.

5 Die Linguine in ein Sieb abgießen und abtropfen lassen. Mit der Garnelensauce auf Pastatellern anrichten.

Tipp

Die schnelle Variante: Die Garnelen mit etwas Knoblauch und 1 gehackten Chilischote in Olivenöl anbraten. Mit 1 Schuss Weißwein ablöschen. Zum Schluss 2 EL gehackte Petersilie dazugeben und die Garnelen mit den Spaghetti mischen.

Makkaroni **mit Muschelragout**

von Johann Lafer

Zutaten
für 4 Personen:

300 g Makkaroni

Salz

1,2 kg Muscheln (Venus-,
Herz- oder Miesmuscheln)

60 g Knollensellerie

2 Karotten

4 Knoblauchzehen

5 Schalotten

5 EL Olivenöl

4 cl Wermut
(z. B. Noilly Prat)

180 ml trockener Weißwein

2 Petersilienwurzeln (70 g)

$1/2$ EL Currypulver

100 g Sahne

Meersalz aus der Mühle

Pfeffer aus der Mühle

1 EL Thymianblätter

2-3 Stiele Dill

4 Tomaten

3 EL geschlagene Sahne

Zubereitung:

1 Die Makkaroni in reichlich kochendem Salzwasser nach Packungs-anweisung bissfest garen. In ein Sieb abgießen und abtropfen lassen.

2 Die Muscheln unter fließendem kaltem Wasser abbürsten und die Bärte entfernen. Die Muscheln verlesen, offene oder beschädigte Exemplare wegwerfen. Den Sellerie und die Karotten putzen, schälen und in kleine Würfel schneiden. Knoblauch und Schalotten schälen und ebenfalls in kleine Würfel schneiden.

3 In einem Topf 3 EL Öl erhitzen und die Muscheln hineingeben. Selle-rie, Knoblauch und die Hälfte der Karotten- und Schalottenwürfel dazugeben und alles verrühren. Den Wermut und den Weißwein da-zugießen. Die Muscheln zugedeckt 2 bis 4 Minuten garen, bis sie sich geöffnet haben. Die Muscheln mit einer Schaumkelle aus dem Fond heben, Muscheln, die sich nicht geöffnet haben, aussortieren. Den Fond etwas einkochen lassen und durch ein feines Sieb passieren.

4 Die Petersilienwurzeln schälen und in kleine Würfel schneiden. Das restliche Öl in einem Topf erhitzen, die Petersilienwurzeln und die restlichen Karotten- und Schalottenwürfel darin andünsten. Mit Curry bestäuben und die Sahne dazugießen. Den Muschelfond unterrühren und die Sauce einkochen lassen, bis sie sämig ist. Mit Meersalz, Pfef-fer und Thymian abschmecken. Die Makkaroni und die Muscheln in die Sauce geben.

5 Den Dill waschen, trockenschütteln und die Spitzen abzupfen. Die Tomaten kreuzweise einritzen, kurz in kochendes Wasser tauchen, kalt abschrecken, häuten, vierteln und entkernen, das Fruchtfleisch in breite Streifen schneiden. Die Tomaten zu dem Ragout geben und zum Schluss die geschlagene Sahne unterziehen. Das Muschel-Nudel-Ragout mit Dill garniert servieren.

Tipp

Muscheln sollte man mehrmals gründlich säubern, um eventuell anhaftenden Sand zu entfernen. Muscheln, die vor dem Garen bereits offen bzw. nach dem Garen noch geschlossen sind, könnten verdor-ben sein. Unbedingt aussortieren!

Walnussnudeln **mit Feldsalat**

von Rainer Sass

Zutaten
für 4 Personen:

200 g Spaghetti
(oder Linguine)
Salz
2 unbehandelte Orangen
100 g Walnusskerne
je 1 EL Oliven- und Walnussöl
1/2 l Fleischbrühe
1 TL geriebener Ingwer
Pfeffer aus der Mühle
2 EL Butter
50 g Feldsalat

Zubereitung:

1 Die Spaghetti in reichlich kochendem Salzwasser nach Packungs-anweisung bissfest garen, in ein Sieb abgießen und abtropfen lassen.

2 Eine Orange heiß waschen, trockenreiben und die Schale fein ab-reiben. Die Frucht halbieren und den Saft auspressen. Die zweite Orange so großzügig schälen, dass auch die weiße Haut mit entfernt wird, die Fruchtfilets aus den Trennhäuten lösen und klein schneiden.

3 Die Walnüsse grob hacken. Die beiden Ölsorten in einer Pfanne erhit-zen und die Nüsse darin anrösten. Den Orangensaft und die Fleisch-brühe dazugießen und etwas einköcheln lassen. Mit Salz würzen.

4 Die abgeriebene Orangenschale und das Fruchtfleisch zu den Wal-nüssen geben. Die Nudeln hinzufügen und untermischen, mit Ingwer und Pfeffer würzen und die Butter unterrühren.

5 Den Feldsalat putzen, waschen und trockenschleudern. Zu den Walnussnudeln geben und gut untermischen.

Tipp

Man kann noch ein wenig Ingwer über die Spaghetti reiben oder geröstete Walnussstücke darüber streuen. Idea-ler Begleiter dazu: Champagner oder Winzersekt.

GEHT EINFACH, MACHT VIEL HER

Marinierter Thunfisch **auf Couscous**

von Ralf Zacherl

Zutaten
für 4 Personen:

50 g Ingwer

1 Knoblauchzehe

1 Karotte

1 rote Chilischote

8 Kaffir-Limettenblätter

5 EL Olivenöl

200 ml Hühnerbrühe

100 g Instant-Couscous

1 TL Currypulver

Meersalz aus der Mühle

Pfeffer aus der Mühle

1 TL Honig

2-3 Stiele Koriander

300 g frisches Thunfischfilet
(Sushi-Qualität)

2 EL Sojasauce

Salz

Zubereitung:

1 Ingwer und Knoblauch schälen und fein hacken. Die Karotte putzen, schälen und in möglichst kleine Würfel schneiden. Die Chilischote längs halbieren, entkernen, waschen und ebenfalls in kleine Würfel schneiden. Die Limettenblätter waschen, trockentupfen und in feine Streifen schneiden. Den Backofen auf 70 °C vorheizen.

2 In einem Topf 3 EL Öl erhitzen, Knoblauch, Karotte, Chili und die Hälfte des Ingwers darin andünsten. Die Hühnerbrühe angießen und kurz aufkochen lassen. Den Couscous in die Hühnerbrühe einrühren, vom Herd nehmen und zugedeckt etwa 5 Minuten quellen lassen. Den Couscous mit einer Gabel auflockern, mit Curry, Limettenblättern, Meersalz, Pfeffer und Honig abschmecken und warm halten.

3 Den Koriander waschen und trockenschütteln, die Blätter von den Stielen zupfen und grob hacken. Den Thunfisch waschen, trockentupfen und in mundgerechte Stücke zupfen. In einer kleinen Schüssel die Sojasauce und das restliche Öl mit Pfeffer, Koriander und dem restlichen Ingwer zu einer Marinade verrühren. Den Thunfisch in eine flache Auflaufform geben, mit der Marinade übergießen und im vorgeheizten Ofen auf der mittleren Schiene etwa 8 Minuten glasig werden lassen. Herausnehmen und leicht mit Salz würzen.

4 Den Couscous auf Teller verteilen und die marinierten Thunfischstücke darauf anrichten.

Tipp

Kaffir-Limettenblätter gibt's im Asialaden. Wer sie nicht bekommt, kann ersatzweise 1 bis 2 TL abgeriebene unbehandelte Zitronen- oder Limettenschale verwenden.

Spargel mit Parmaschinken

von Johannes B. Kerner

Zutaten für 4 Personen:

2 kg weißer Spargel
Salz
1 TL Zucker
1 EL Zitronensaft
100 g Parmesan (am Stück)
150 g Parmaschinken
(in dünnen Scheiben)
4 EL Olivenöl

Zubereitung:

1 Die Spargelstangen schälen, die holzigen Enden abschneiden. In einem Topf reichlich Salzwasser mit dem Zucker und dem Zitronensaft zum Kochen bringen. Die Spargelstangen in 4 Portionen teilen und jeweils mit Küchengarn zusammenbinden. Den Spargel bei schwacher Hitze zugedeckt etwa 15 Minuten garen.

2 Den Parmesan mit dem Sparschäler in feine Späne hobeln. Den Spargel mit einer Schaumkelle aus dem Kochwasser heben, gut abtropfen lassen und auf Teller verteilen.

3 Den Schinken dekorativ mit dem Spargel anrichten, mit den Parmesanspänen bestreuen und mit dem Öl beträufeln. Nach Belieben zum Schluss noch etwas grob gemahlenen Pfeffer darüber streuen.

Tipp

Es gibt keine bessere Resteverwertung als Spargelsuppe: Einfach die Spargelschalen im Spargelkochwasser auskochen und abgießen. Für 1 l Spargelsud 5 EL Butter mit 50 g Mehl verkneten und unter den kochenden Sud rühren. Etwas Sahne angießen und würzen. Falls Spargelstangen übrig bleiben, klein schneiden und in die Suppe geben.

Gefüllte Crêpes **mit Räucherlachs**

von Ralf Zacherl

Zutaten
für 4 Personen:

200 g Mehl

300 ml Milch

2 Eier

1 TL Kurkumapulver

Salz

2 EL Öl

1 kleiner Kopf Eisbergsalat

8 Cocktailtomaten

1 rote Chilischote

400 g geräucherter Lachs

1 Zitrone

1 Kästchen Kresse

1 Avocado

Pfeffer aus der Mühle

Zubereitung:

1 Das Mehl mit Milch, Eiern, Kurkuma und Salz zu einem glatten Teig verrühren. Das Öl in einer beschichteten Pfanne erhitzen, aus dem Teig darin nacheinander 4 Crêpes backen und beiseite stellen.

2 Den Eisbergsalat putzen, waschen, trockenschleudern und in mundgerechte Stücke zupfen. Die Cocktailtomaten waschen und vierteln. Die Chilischote längs halbieren, entkernen, waschen und in kleine Würfel schneiden. Den Lachs in kleine Stücke schneiden. Die Zitrone halbieren und den Saft auspressen. Die Kresse vom Beet schneiden, waschen und trockentupfen.

3 Die Avocado halbieren und den Kern entfernen, das Fruchtfleisch mit einem Löffel aus den Schalen lösen und klein schneiden. Avocadofleisch, Zitronensaft, Tomaten und Chili mit einer Gabel zerdrücken und mit Salz und Pfeffer abschmecken. Die Crêpes mit der Avocadomischung bestreichen, den Räucherlachs und den Salat darauf verteilen, die Kresse darüber streuen und die Crêpes vorsichtig aufrollen. Die gefüllten Crêpes mit einem scharfen Messer schräg halbieren oder in größere Stücke schneiden.

Tipp

Damit sich das Avocadofleisch nicht bräunlich verfärbt, muss es sofort mit Zitronensaft beträufelt werden. Einen mexikanischen Touch bekommt das Gericht, wenn man statt der Crêpes Weizentortillas (gibt's fertig im Supermarkt) verwendet.

Kängurusteak mit Mango-Chutney

von Rainer Sass

**Zutaten
für 4 Personen:**

3 reife Mangos

10 g Ingwer

2 rote Chilischoten

3 EL Olivenöl

ca. 2 EL Weißweinessig

250 g Rosinen

einige schwarze Pfeffer-
und Pimentkörner

2 Wacholderbeeren

einige Sichuan-
Pfefferkörner

4 Kängurusteaks
(aus dem Filet)

Meersalz aus der Mühle

2–3 EL Sonnenblumenöl

Zubereitung:

1 Die Mangos schälen, das Fruchtfleisch zuerst in breiten Streifen vom Stein und dann in Würfel schneiden. Den Ingwer schälen und in kleine Würfel schneiden. Die Chilischoten längs halbieren, entkernen, waschen und ebenfalls in kleine Würfel schneiden.

2 Öl und Essig in einen Topf geben, die Mango-, Ingwer- und Chiliwürfel sowie die Rosinen dazugeben und zugedeckt bei schwacher Hitze etwa 1 Stunde köcheln lassen.

3 Schwarze Pfefferkörner, Pimentkörner, Wacholderbeeren und Sichuan-Pfefferkörner in einen Mörser geben und zerstoßen. Die Kängurusteaks waschen und trockentupfen, mit der Pfeffermischung und Meersalz würzen.

4 Das Öl in einer Pfanne erhitzen und die Steaks darin auf beiden Seiten goldbraun braten. Aus der Pfanne nehmen, auf Tellern anrichten und mit dem Mango-Chutney servieren.

Tipp

Das Mango-Chutney nach Belieben mit etwas mehr Essig würzen oder 1 weitere Chilischote verwenden. Das Chutney sollte säuerlich-scharf schmecken.

GEHT EINFACH, MACHT VIEL HER | 127

Minutensteak mit Balsamico

von Rainer Sass

Zutaten für 4 Personen:

- 4 Tomaten
- Salz, Pfeffer aus der Mühle
- Zucker
- 4 EL Olivenöl
- 1 Zweig Rosmarin (ca. 20 cm)
- 1 Zweig Thymian
- 2 Knoblauchzehen
- 200 ml Aceto balsamico
- 8 Scheiben Rinderfilet (ca. 5 mm dick)
- 100 g Parmesan (am Stück)

Zubereitung:

1. Die Tomaten kreuzweise einritzen, kurz in kochendes Wasser tauchen, kalt abschrecken, häuten, vierteln und entkernen, das Fruchtfleisch in kleine Würfel schneiden. Mit etwas Salz, Pfeffer, Zucker und 2 EL Öl mischen und 10 Minuten ziehen lassen.

2. Rosmarin und Thymian waschen und trockenschütteln. Den Knoblauch mit einem Messer andrücken. Den Essig in einen Topf gießen, Knoblauch, Rosmarin und Thymian dazugeben und offen auf die Hälfte einkochen lassen.

3. Die Rinderfiletscheiben mit Salz und Pfeffer würzen. In einer großen Pfanne das restliche Öl stark erhitzen und die Filetscheiben darin auf jeder Seite 30 Sekunden braten.

4. Die Kräuterzweige und den Knoblauch aus dem Balsamicosud nehmen. Etwas Sud auf Teller gießen und jeweils 2 Minutensteaks darauf anrichten. Die marinierten Tomaten darüber geben und den Parmesan mit dem Sparschäler in feinen Spänen darüber hobeln. Zuletzt mit dem restlichen Balsamicosud beträufeln.

Tipp

Dieses Gericht steht und fällt mit der Qualität des Fleisches – also bei Ihrem Metzger gut abgehangenes Rinderfilet kaufen.

Desserts

Topfenpalatschinken **mit Rosenblättern**

von Sarah Wiener

Zutaten
für 4 Personen:

Rosenblätter:

1 unbehandelte dunkelrote
Rose

1 Eiweiß

Zucker

Palatschinken:

200 g Mehl

1/2 l Milch

2 Eier

Salz

Butter oder Pflanzenöl zum
Backen und für die Form

Topfenfüllung:

1 unbehandelte Zitrone

4 Eier

100 g weiche Butter

80 g Zucker

1 Päckchen Vanillezucker

500 g Speisequark

ca. 5 EL in Rum eingelegte
Rosinen

Salz

Guss:

250 g Sahne

4 EL Zucker

1 Ei

Zubereitung:

1 Für die Rosenblätter den Backofen auf 60 °C vorheizen. Die Blütenblätter einzeln abzupfen. Das Eiweiß in einer Schüssel verquirlen, die Rosenblätter darin wenden und rundum mit dem Zucker bestreuen. Auf ein mit Backpapier ausgelegtes Backblech geben und im vorgeheizten Ofen auf der mittleren Schiene etwa 1 Stunde trocknen lassen. Aus dem Ofen nehmen und beiseite stellen.

2 Für die Palatschinken das Mehl und die Milch in einer Schüssel mit dem Schneebesen verrühren. Die Eier und 1 Prise Salz unterrühren und den Teig etwa 30 Minuten ruhen lassen. Falls der Teig nicht glatt über den Rücken einer Schöpfkelle fließt, noch etwas Milch dazugeben.

3 Wenig Butter oder Pflanzenöl in einer Pfanne erhitzen. Mit einer Schöpfkelle den Teig portionsweise hineingießen und die Pfanne schwenken, um den Teig zu verteilen. Die Unterseite goldbraun backen, dann mit dem Pfannenwender wenden und den Palatschinken auf der anderen Seite fertig backen. So fortfahren, bis der Teig aufgebraucht ist. Die Palatschinken etwa 30 Minuten abkühlen lassen. Den Backofen auf 170 °C vorheizen.

4 Für die Topfenfüllung die Zitrone heiß waschen, trockenreiben und die Schale fein abreiben. Die Eier trennen. Die Butter und den Zucker schaumig schlagen. Nach und nach die Eigelbe und den Vanillezucker unterrühren, bis die Masse luftig und hellgelb ist. Den Quark mit einem Kochlöffel vorsichtig unterheben, die Zitronenschale und die Rosinen untermischen. Die Eiweiße mit 1 Prise Salz steif schlagen und unter die Quarkmasse heben.

5 Eine Auflaufform leicht einfetten. Die Palatschinken jeweils auf einer Hälfte mit der Topfenfüllung bestreichen, locker aufrollen und nebeneinander in die Form legen.

6 Für den Guss die Sahne mit dem Zucker und dem Ei verrühren und gleichmäßig über die Palatschinken gießen. Die Palatschinken im vorgeheizten Ofen auf der mittleren Schiene etwa 20 Minuten backen. Mit den kandierten Rosenblättern garnieren und nach Belieben mit Puderzucker bestäuben.

Topfenschmarren mit Dörraprikosen

von Johann Lafer

Zutaten für 4 Personen:

Topfenschmarren:

3 Eier, 1/2 Vanilleschote

125 g Magerquark

3 EL Milch

60 g Sahne, 60 g Mehl

1 EL Rosinen

abgeriebene Schale von

je 1/2 unbehandelten Zitrone

und Orange

Salz, 60 g Zucker

4 EL Butter

2 EL Puderzucker

Dörraprikosen:

50 g Zucker

1 EL Honig

200 ml frisch gepresster

Orangensaft

4 cl Grenadine

(Granatapfelsirup)

abgeriebene Schale von

1 unbehandelten Orange

Saft von 2 Limetten

200 g Dörraprikosen

(12 Stunden in 150 ml Wasser

eingeweicht)

4 cl Whiskeylikör (z. B. Baileys)

Zubereitung:

1 Für den Topfenschmarren die Eier trennen. Die Vanilleschote längs aufschneiden und das Mark herauskratzen. Das Mark mit den Eigelben, dem Quark, der Milch, der Sahne und dem Mehl in einer Schüssel gut verrühren. Die Rosinen und die Zitronen- und Orangenschale untermischen. Die Eiweiße mit 1 Prise Salz halbsteif schlagen. Den Zucker hinzufügen, die Eiweiße ganz steif schlagen und vorsichtig unter die Quarkmasse heben. Den Backofen auf 180 °C vorheizen.

2 In einer großen, ofenfesten Pfanne 2 EL Butter zerlassen. Die Quarkmasse hineingeben und bei mittlerer Hitze so lange backen, bis die Unterseite goldbraun ist. Die Quarkmasse wenden und im vorgeheizten Ofen auf der mittleren Schiene weitere 15 bis 20 Minuten backen. Den Schmarren aus dem Ofen nehmen und in der Pfanne mit zwei Pfannenwendern in mundgerechte Stücke zerteilen.

3 Die Herdplatte auf mittlere Hitze stellen. Den Schmarren in die eine Hälfte der Pfanne schieben, in der anderen Pfannenhälfte die restliche Butter zerlassen. Den Puderzucker darauf sieben und goldgelb karamellisieren. Den Schmarren mit dem Karamell mischen.

4 Für die Dörraprikosen den Zucker und den Honig in einer weiteren Pfanne hellbraun schmelzen lassen. Den Orangensaft dazugießen und sirupartig einkochen lassen. Grenadine, Orangenschale und Limettensaft hinzufügen. Die eingeweichten Aprikosen mit dem Einweichwasser dazugeben, einmal aufkochen und abkühlen lassen. Dann den Whiskeylikör untermischen.

5 Den Topfenschmarren mit den Aprikosen servieren. Den Schmarren nach Belieben mit Puderzucker bestäuben und Vanilleeis dazu reichen.

Tipp

Ein guter Topfenschmarren muss außen goldgelb gebräunt und innen schön saftig sein. Das gelingt aber nicht, wenn man ihn nur in der Pfanne zubereitet. Daher mein Trick, ihn langsam im Ofen fertig zu garen. Für die richtige Bräunung sorgt anschließend das Wenden in Karamell.

DESSERTS

Liwanzen mit Brombeeren

von Sarah Wiener

Zutaten für 4–6 Personen:

Liwanzen:
250 g Mehl, 30 g Hefe
220 ml Milch
4 EL Zucker
Salz
1–2 TL abgeriebene unbehandelte Zitronenschale
2 Eier

Creme:
250 g Naturjoghurt
Mark von 1 Vanilleschote
2 EL Zucker (oder Honig)
3 EL Sahne
80–100 g Brombeeren

Außerdem:
ca. 3 EL zerlassene Butter

Zubereitung:

1 Für die Liwanzen das Mehl in eine Schüssel geben, eine kleine Mulde hineindrücken und die Hefe hineinbröseln. In einem kleinen Topf etwa 70 ml Milch leicht erwärmen und über die Hefe gießen. Hefe und Milch in der Mehlmulde mischen und etwas Mehl vom Rand darüber stäuben. Den Vorteig zugedeckt etwa 15 Minuten an einem warmen Ort ruhen lassen.

2 Den Zucker mit der restlichen Milch erwärmen, mit 1 Prise Salz und der Zitronenschale zum Teig geben. Die Eier dazugeben und alle Zutaten zu einem dickflüssigen Teig verrühren. Den Teig zugedeckt an einem warmen Ort etwa 30 Minuten gehen lassen.

3 Für die Creme den Joghurt mit dem Vanillemark, dem Zucker und der Sahne in einer Schüssel verrühren. Die Brombeeren verlesen, waschen und trockentupfen.

4 In jede Mulde der Liwanzenpfanne etwas zerlassene Butter geben und erhitzen. Mit einer kleinen Schöpfkelle den Teig in die Vertiefungen der Pfanne geben und die Liwanzen auf beiden Seiten jeweils 3 Minuten goldbraun backen. So fortfahren, bis der Teig aufgebraucht ist. Etwas Joghurtcreme auf die Liwanzen setzen und mit den Brombeeren anrichten.

Tipp

Wer keine Liwanzenpfanne besitzt, verwendet eine herkömmliche Pfanne. Die Liwanzen müssen dann mit zwei Esslöffeln in Form gebracht werden. So werden sie zwar nicht ganz so rund, schmecken aber genauso gut!

Topfenschaum **mit süßem Pesto**

von Ralf Zacherl

Zutaten
für 4 Personen:

Topfenschaum:

100 g Sahne

250 g Sahnequark

1 unbehandelte Limette

Salz

2 EL Zucker

3 Eiweiß

3 EL Puderzucker

400 g Erdbeeren

Pesto:

1 großes Bund Basilikum

2 EL Pinienkerne

1 EL Honig

ca. 4 EL Rapsöl

Salz

Zubereitung:

1 Für den Topfenschaum die Sahne steif schlagen. Den Quark in einem sauberen Küchentuch ausdrücken und in eine Schüssel geben. Die Limette heiß waschen, trockenreiben und die Schale fein abreiben. Den Quark mit der Limettenschale, 1 Prise Salz und dem Zucker glatt rühren. Die Sahne unterheben.

2 Die Eiweiße mit dem Puderzucker steif schlagen und vorsichtig unter die Quark-Sahne-Masse heben.

3 Die Erdbeeren waschen, putzen und in dünne Scheiben schneiden. Die Früchte nach Belieben mit Zucker süßen.

4 Für das Pesto das Basilikum waschen und trockenschütteln, die Blätter von den Stielen zupfen und grob hacken. Die Pinienkerne in einer beschichteten Pfanne ohne Fett goldbraun anrösten und kurz abkühlen lassen.

5 Basilikum, Honig und Pinienkerne im Küchenmixer oder mit dem Stabmixer fein pürieren. Das Öl in dünnem Strahl dazugießen. Nochmals pürieren, bis eine cremige Masse entstanden ist. Das Pesto mit 1 Prise Salz würzen.

6 Die Erdbeeren und den Topfenschaum auf Teller oder Schälchen verteilen und mit dem süßen Pesto beträufeln.

Tipp

Außerhalb der Erdbeer-Saison kann man natürlich auch andere Früchte verwenden.

DESSERTS

Himbeer-Grieß-Törtchen
mit Apfel-Basilikum-Salsa

von Sarah Wiener

Zutaten
für 6–8 Personen:

Himbeer-Grieß-Törtchen:

450 g Blätterteig (Fertigprodukt aus dem Tiefkühlregal)

Fett für die Förmchen

1 Päckchen Hülsenfrüchte (Linsen und Bohnen) zum Blindbacken

$1/4$ l ungesüßte Kokosmilch (aus der Dose)

1 EL Butter

3 EL brauner Zucker

Salz

Mark von $1/2$ Vanilleschote

4 EL Grieß

3 EL Rum

150 g Sahne

300 g Himbeeren

8 EL Kumquats- oder Himbeerkonfitüre

Apfel-Basilikum-Salsa:

2 säuerliche Äpfel (z. B. Granny Smith)

1 Hand voll Basilikumblätter

2 EL Pinienkerne

1 EL Zitronensaft

2 EL brauner Zucker

Zubereitung:

1 Für die Himbeer-Grieß-Törtchen den Backofen auf 190 °C vorheizen. Den Blätterteig auftauen lassen, die Torteletteförmchen (à 9 bis 10 cm Durchmesser) einfetten. Aus dem Teig mit einem Ausstecher etwas größere Kreise als die Torteletteförmchen ausstechen. Die Förmchen mit den Teigkreisen auslegen und den Boden mit einer Gabel mehrmals einstechen. Aus Backpapier Kreise in Größe der Förmchen ausschneiden und jeweils auf den Teig legen. Die Hülsenfrüchte darauf verteilen und den Teig im vorgeheizten Ofen auf der mittleren Schiene 12 bis 15 Minuten blind backen. Die Förmchen aus dem Ofen nehmen, Papier und Hülsenfrüchte entfernen, die Blätterteigböden aus den Förmchen nehmen und auf einem Kuchengitter abkühlen lassen.

2 Für die Füllung die Kokosmilch mit Butter, Zucker, 1 Prise Salz und dem Vanillemark aufkochen. Den Grieß unterrühren, einmal aufkochen und abkühlen lassen. Den Rum unter die Grießmasse rühren, die Sahne steif schlagen und unterheben. Die Grießmasse in einen Spritzbeutel mit großer Lochtülle füllen und in die Blätterteigförmchen spritzen.

3 Die Himbeeren verlesen, waschen, trockentupfen und auf den Törtchen verteilen. Die Konfitüre in einem Topf erwärmen, nach Belieben mit ein wenig Orangensaft glatt rühren und die Himbeeren gleichmäßig damit bestreichen.

4 Für die Apfel-Basilikum-Salsa die Äpfel heiß waschen, trockenreiben, vierteln und entkernen. Die Basilikumblätter waschen, trockentupfen und mit den Apfelstücken, den Pinienkernen, dem Zitronensaft und dem Zucker im Blitzhacker oder im Küchenmixer grob zerhacken.

Tipp

Mit Quark und etwas geschlagener Sahne verrührt, ist die Apfel-Basilikum-Salsa auch ohne die Grießtörtchen ein köstliches Dessert!

DESSERTS

Schokoladensoufflé mit Kaffee

von Johannes B. Kerner

**Zutaten
für 4 Personen:**

1/8 l Milch

70 g Zartbitterschokolade

2 EL Zucker

2 EL Butter

2 EL Mehl

2 cl Kaffeelikör

1 TL Instant-Kaffeepulver

3 Eiweiß

2 Eigelb

Butter und Vanillezucker
für die Förmchen

Zubereitung:

1 Den Backofen auf 250 °C vorheizen. Die Milch in einem Topf erhitzen. Die Zartbitterschokolade grob hacken und in der heißen Milch schmelzen lassen, den Zucker unterrühren.

2 Die Butter in einem Topf zerlassen und das Mehl darin unter Rühren hell anschwitzen. Die Schokoladenmilch dazugießen, den Kaffeelikör und das Kaffeepulver dazugeben und alles unter Rühren aufkochen lassen. Sofort 1 Eiweiß unterrühren und die Masse abkühlen lassen.

3 Die Eigelbe nacheinander unter die Schokoladenmasse rühren. Die restlichen Eiweiße steif schlagen und vorsichtig unterheben.

4 Vier Souffléförmchen (à 8 cm Durchmesser) mit Butter einfetten und mit Vanillezucker ausstreuen. Die Schokoladenmasse in die Förmchen füllen und in ein tiefes Backblech stellen. Das Backblech bis unter den Förmchenrand mit kochend heißem Wasser füllen. Die Schokoladensoufflés im vorgeheizten Ofen auf der mittleren Schiene etwa 20 Minuten garen.

Tipp

*Sieht gut aus und schmeckt gut:
Die Schokoladensoufflés jeweils mit
etwas halbsteif geschlagener Sahne
und 1 Klecks Aprikosen- oder Kirsch-
konfitüre garnieren.*

Topfensoufflé mit Zwetschgenragout

von Johann Lafer

Zutaten für 4–6 Personen:

Topfensoufflé:

Butter und Zucker für die Förmchen
3 Eier
200 g Magerquark
Mark von 1 Vanilleschote
2 EL Speisestärke
Salz
60 g Zucker

Zwetschgenragout:

50 g Zucker
200 ml schwarzer Johannisbeersaft
2 Zimtstangen
500 g Zwetschgen (entsteint)
1 EL Speisestärke
2 EL Zwetschgenschnaps

Zubereitung:

1. Für das Topfensoufflé den Backofen auf 220 °C vorheizen. Vier bis sechs Souffléförmchen (à 8 cm Durchmesser) mit Butter einfetten und mit Zucker ausstreuen.

2. Die Eier trennen. Die Eigelbe mit dem Quark, dem Vanillemark und der Stärke glatt rühren. Die Eiweiße mit 1 Prise Salz steif schlagen, nach und nach den Zucker einrieseln lassen. Den Eischnee vorsichtig unter die Quarkmasse heben und in die Förmchen füllen.

3. Die Förmchen in ein tiefes Backblech oder in eine große Bratpfanne stellen. So viel kochend heißes Wasser angießen, dass die Förmchen zu einem Drittel im Wasser stehen. Die Topfensoufflés im vorgeheizten Ofen auf der mittleren Schiene etwa 20 Minuten garen.

4. Für das Zwetschgenragout den Zucker in einem Topf karamellisieren lassen. Den Johannisbeersaft dazugießen, die Zimtstangen und die Zwetschgen dazufügen und etwa 6 Minuten köcheln lassen. Die Stärke mit dem Zwetschgenschnaps anrühren und unter das Zwetschgenragout rühren.

5. Die Topfensoufflés aus dem Ofen nehmen und mit dem Zwetschgenragout servieren.

Tipp

Damit das Soufflé schön aufgeht, ist es wichtig, dass der Eischnee sehr steif geschlagen wird. Kleiner Trick: Wenn man das Backblech mit Küchenpapier auslegt, können die Förmchen im Wasserbad nicht verrutschen.

Camilla's Cup mit Erdbeeren

von Rainer Sass

**Zutaten
für 4 Personen:**

1 große unbehandelte Orange

4 EL Zucker

2 EL Orangenlikör

(z.B. Grand Marnier)

500 g Erdbeeren

250 g Mascarpone

200 g Sahne

Mark von 1 Vanilleschote

8 Orangenbiskuits

(z.B. Duchy Originals Organic

Orange Biscuits)

Zubereitung:

1 Die Orange heiß waschen, trockenreiben und mit dem Zestenreißer oder einem scharfen Messer die Schale in Streifen abziehen. Die Orange halbieren und auspressen.

2 In einem Topf 2 EL Zucker bei mittlerer Hitze karamellisieren lassen. 100 ml frisch gepressten Orangensaft und den Orangenlikör dazugeben und den Karamell unter Rühren auflösen. Die Orangenzesten hinzufügen und den Orangensirup auf etwa 4 EL einkochen lassen. Den Sirup vom Herd nehmen und abkühlen lassen.

3 Die Erdbeeren waschen und trockentupfen. 4 schöne Beeren zum Garnieren beiseite legen, die restlichen Früchte putzen und vierteln oder halbieren. In den Orangensirup geben und etwa 20 Minuten zugedeckt darin ziehen lassen. Die Orangenzesten entfernen.

4 Den Mascarpone, die Sahne und das Vanillemark mit dem restlichen Zucker in einer Schüssel cremig rühren. Die Biskuits in einen Gefrierbeutel geben und mit dem Nudelholz zerbröseln.

5 Die Hälfte der Mascarponecreme auf Dessertgläser verteilen. Die Hälfte der Brösel darüber streuen und die marinierten Erdbeeren darauf verteilen. Die restliche Creme auf die Früchte geben und mit den übrigen Bröseln bestreuen. Jeweils mit 1 Erdbeere garniert servieren.

Tipp

Duchy Biscuits werden in Prince Charles' eigenen Bäckereien hergestellt. Es gibt sie in guten Confiserien oder übers Internet. Statt der Orangenbiskuits kann man aber auch Amarettini oder Cantuccini verwenden.

Apfel-Kartoffel-Küchlein auf Feigenkompott

von Ralf Zacherl

Zutaten für 4 Personen:

Feigenkompott:

8 Feigen
3 EL Mandelsplitter
150 ml Kirschsaft
1 TL Kardamomkapseln
1 Vanilleschote
2 EL Honig

Apfel-Kartoffel-Küchlein:

3 große Kartoffeln
2 Äpfel
Salz
Muskatnuss
2 Eigelb
Öl zum Braten

Zubereitung:

1 Für das Feigenkompott die Feigen schälen und vierteln. Die Mandeln in einer beschichteten Pfanne ohne Fett leicht anrösten. Den Kirschsaft in einen Topf gießen, die angedrückten Kardamomkapseln dazugeben und den Saft kochen. Die Vanilleschote längs aufschneiden und das Mark herauskratzen. Das Mark und die Schote mit dem Honig unterrühren und den Kirschsaft etwas einkochen lassen. Durch ein Sieb gießen, die Feigen und die Mandeln in den Saft geben.

2 Für die Apfel-Kartoffel-Küchlein die Kartoffeln schälen und auf der Gemüsereibe fein reiben. Die Kartoffelmasse leicht ausdrücken, den Saft auffangen und beiseite stellen. Die Äpfel schälen, halbieren, entkernen und ebenfalls fein reiben. Zu den Kartoffeln geben und gut vermischen. Die Kartoffel-Apfel-Masse mit je 1 Prise Salz und Muskatnuss würzen.

3 Den Kartoffelsaft vorsichtig abgießen, dabei die am Boden abgesetzte Stärke zurückhalten und zu den Kartoffeln geben. Die Eigelbe unterrühren. In einer Pfanne etwas Öl erhitzen und aus der Kartoffel-Apfel-Masse portionsweise kleine Reibeküchlein braten. Auf Küchenpapier abtropfen lassen.

4 Das Feigenkompott mit den Küchlein auf Tellern anrichten. Nach Belieben mit Minze garnieren und Schokoladeneis dazu servieren.

Tipp

Verwenden Sie für die Küchlein fest kochende Kartoffeln. Die Stärke aus dem aufgefangenen Kartoffelsaft sorgt für mehr Bindung.

DESSERTS | 143

Flambierte Orangencrêpes

von Rainer Sass

Zutaten für 4 Personen:

2 Orangen
2 Grapefruits
2 Zitronen
1 Limette
2 EL Orangenlikör
(z. B. Grand Marnier)
150 g Mehl
3 Eier
1/4 l Milch
je 1 Msp. Salz und Backpulver
Öl oder Butter zum Backen
2-4 EL Cognac
Puderzucker zum Bestäuben

Zubereitung:

1 Die Orangen, Grapefruits und Zitronen so großzügig schälen, dass auch die weiße Haut mit entfernt wird. Die Fruchtfilets mit einem spitzen Messer aus den Trennhäuten schneiden und in eine Schüssel geben. Die Limette halbieren und auspressen. Die Fruchtfilets mit dem Limettensaft und dem Orangenlikör marinieren.

2 Für die Crêpes das Mehl mit den Eiern, der Milch, dem Salz und dem Backpulver in einer Schüssel verrühren. Den Teig etwa 20 Minuten ruhen lassen.

3 Etwas Öl oder Butter in einer beschichteten Pfanne erhitzen. Den Teig mit einer Schöpfkelle portionsweise hineingeben und die Pfanne schwenken, um den Teig gleichmäßig hauchdünn zu verteilen. Jede Crêpe zunächst auf der Unterseite goldbraun backen und dann mit dem Pfannenwender wenden. Die Crêpes in der Pfanne jeweils mit etwas Cognac begießen, den Alkohol vorsichtig anzünden und die Crêpes unter Schwenken flambieren.

4 Die flambierten Crêpes mit Puderzucker bestäuben und mit den Fruchtfilets auf Tellern anrichten. Nach Belieben Vanilleeis dazu servieren.

Tipp

Die flambierten Orangencrêpes sind meine Variante der berühmten französischen Crêpes Suzette. Statt der Zitrusfrüchte können Sie auch Apfelspalten nehmen und diese dann mit Apfelsaft und Calvados marinieren.

144 | DESSERTS

Süße Spargelstangen in Bierteig
mit Mascarponecreme
von Sarah Wiener

**Zutaten
für 4 Personen:**

8 weiße Spargelstangen

8 EL Zucker

2 EL Zitronensaft

Salz

150 g Mehl

2 Eier

1/8 l Bier (Pils)

150 g reife Erdbeeren

1 EL Puderzucker

100 g Sahne

150 g Mascarpone

1 1/2 EL brauner Zucker

2 EL Rum

750 g Butterschmalz oder Öl

zum Frittieren

3 EL Vanillezucker

Zubereitung:

1 Die Spargelstangen schälen, die holzigen Enden abschneiden. Den Spargel in kochendem Wasser mit 2 EL Zucker, dem Zitronensaft und 1 Prise Salz 15 bis 20 Minuten garen (er sollte nicht zu viel Biss haben). Den Spargel abgießen und auf einem Sieb abtropfen lassen.

2 Für den Bierteig das Mehl und 3 EL Zucker in einer Schüssel verrühren. Die Eier trennen. Die Eigelbe mit dem Bier verquirlen und unter das Mehl rühren. Den Teig zum Quellen beiseite stellen.

3 Die Erdbeeren waschen, putzen, klein schneiden und in eine Schüssel geben. Mit dem Puderzucker vermischen und ziehen lassen, bis sich Saft bildet. Die Sahne steif schlagen, den Mascarpone, den braunen Zucker und den Rum unterrühren. Zum Schluss die Erdbeeren unter die Mascarponecreme heben.

4 Die Eiweiße mit dem restlichen Zucker steif schlagen und unter den Bierteig heben. Zum Frittieren das Butterschmalz in einer tiefen Pfanne oder einem hohen Topf auf 180 °C erhitzen.

5 Den Vanillezucker auf einen Teller streuen und die Spargelstangen nacheinander darin wälzen. Die Stangen anschließend so durch den Bierteig ziehen, dass sie gut umhüllt sind. Den Spargel portionsweise im heißen Fett 2 bis 3 Minuten goldbraun frittieren und auf Küchenpapier abtropfen lassen. Die süßen Spargelstangen mit etwas Erdbeer-Mascarpone-Creme auf Tellern anrichten, die restliche Creme dazu servieren.

Tipp

Kleinere Spargelstangen sind für dieses Rezept besser geeignet als große. Wer mag, kann noch 50 g dunkle Kuvertüre im heißen Wasserbad schmelzen und dann mit einem Löffel in feinen Linien über den Spargel und die Creme träufeln.

Flambierte Bananen mit Vanilleeis

von Rainer Sass

Zutaten für 4 Personen:

1 Vanilleschote
700 g Sahne
5 Eigelb
3 EL Zucker
2 Bananen
ca. 1 EL Butter
4 EL Anisschnaps
(z. B. Ricard)

Zubereitung:

1. Die Vanilleschote längs aufschneiden und das Mark herauskratzen. In einem Topf 500 g Sahne mit Vanillemark und -schote aufkochen und bei schwacher Hitze 5 bis 6 Minuten köcheln lassen. Die Vanilleschote entfernen.

2. Die Eigelbe mit dem Zucker in einer Metallschüssel im heißen Wasserbad mit dem Schneebesen schaumig schlagen. Nach und nach die Vanillesahne dazugießen, dabei ständig weiterschlagen. Die Eiersahne wieder in den Topf gießen und unter ständigem Rühren erhitzen, bis Blasen aufsteigen und die Masse cremig ist. Sofort in eine Schüssel füllen, abkühlen lassen und 4 bis 5 Stunden kühl stellen. Die Vanillemasse in eine Eismaschine geben und nach Gebrauchsanweisung gefrieren lassen (Alternative siehe Tipp).

3. Die Bananen schälen und längs halbieren. Die Butter in einer großen Pfanne zerlassen und die Bananen darin bei schwacher Hitze anbraten (dabei sollten die Früchte nicht bräunen und nicht zu weich werden). Die Bananen in der Pfanne mit dem Anisschnaps übergießen, den Alkohol vorsichtig anzünden und die Früchte unter Schwenken flambieren. Die restliche Sahne dazugeben.

4. Die Sahnesauce auf Teller verteilen, die Bananen darauf anrichten und das selbst gemachte Vanilleeis dazu servieren.

Tipp

*Vanilleeis ohne Eismaschine:
Die Vanillemasse in eine flache Metallschüssel füllen und im Tiefkühlfach durchgefrieren lassen, dabei in der ersten Stunde immer wieder mit einer Gabel durchrühren.*

Gefüllter Apfel **mit Vanillesauce**

von Rainer Sass

**Zutaten
für 4 Personen:**

4 Äpfel (z.B. Boskop)

4 Dominosteine

(oder Marzipankartoffeln)

1 Vanilleschote

500 g Sahne

5 Eigelb

2 EL Zucker

Zubereitung:

1 Den Backofen auf 180 °C vorheizen. Die Äpfel waschen, mit einem Apfelausstecher entkernen und mit einem kleinen Löffel etwas aushöhlen. Mit jeweils 1 Dominostein (oder 1 Marzipankartoffel) füllen. Die gefüllten Äpfel auf ein mit Backpapier ausgelegtes Backblech setzen und im vorgeheizten Ofen auf der mittleren Schiene etwa 15 Minuten backen.

2 Die Vanilleschote längs aufschneiden und das Mark herauskratzen. In einem Topf die Sahne mit Vanillemark und -schote 5 bis 8 Minuten aufkochen. Die Eigelbe mit dem Zucker in einer Metallschüssel im heißen Wasserbad mit dem Schneebesen schaumig schlagen. Die Vanilleschote entfernen, nach und nach die Vanillesahne unterrühren, bis die Sauce cremig wird. Die Vanillesauce abkühlen lassen. Die Bratäpfel in tiefe Teller setzen und mit der Vanillesauce servieren.

Gebratene Birne **mit Gorgonzola**

von Rainer Sass

**Zutaten
für 4 Personen:**

2 Birnen

(z.B. Williams Christ)

1 EL Butter

1 EL Honig

200 g Gorgonzola

Zubereitung:

1 Den Backofen auf 200 °C vorheizen. Die Birnen schälen, halbieren und entkernen. Die Butter in einer Pfanne zerlassen und die Birnenhälften darin leicht anbraten. Den Honig dazugeben und die Pfanne schwenken, damit der Honig die Birnen leicht überzieht.

2 Die Birnen auf ein mit Backpapier ausgelegtes Backblech setzen. Im vorgeheizten Ofen auf der mittleren Schiene 8 bis 10 Minuten garen, bis die Birnenhälften glänzen und nach Honig duften.

3 Den Gorgonzola in Würfel schneiden und zu den Birnen servieren. Dazu passt ein edelsüßer Wein aus Italien oder Frankreich.

DESSERTS

Lavendel-Kirsch-Tiramisu **im Weckglas**

von Ralf Zacherl

Zutaten
für 6 Personen:

300 g Sauerkirschen
(aus dem Glas; oder frische
entsteinte Kirschen und
200 ml Kirschsaft)
1 unbehandelte Orange
1 EL Zucker
1 TL Speisestärke
1 Blatt Gelatine
4 Eigelb
100 g Puderzucker
100 g Sahne
1-2 EL unbehandelte Lavendelblüten
400 g Mascarpone
200 g Löffelbiskuits
1/4 l kalter Espresso
2-4 EL Kaffeelikör

Zubereitung:

1 Die Kirschen auf einem Sieb abtropfen lassen, dabei den Saft auffangen. Die Orange heiß waschen, trockenreiben und die Schale fein abreiben. Die Orange halbieren und den Saft auspressen. Den Zucker in einem Topf hell karamellisieren lassen. Die Kirschen hinzufügen, den Kirsch- und den Orangensaft dazugießen.

2 Die Stärke mit etwas kaltem Wasser anrühren, zu den Kirschen geben und alles aufkochen lassen. Die Kirschen auf 6 Weckgläser (à 220 ml Inhalt) verteilen und kühl stellen. Die Gelatine in einer kleinen Schüssel in kaltem Wasser einweichen.

3 Die Eigelbe mit dem Puderzucker und der Orangenschale in einer Metallschüssel im heißen Wasserbad cremig aufschlagen. Die Gelatine ausdrücken und in der warmen Eigelbmasse auflösen.

4 Die Sahne steif schlagen. Die Lavendelblüten und den Mascarpone nach und nach unter die Eigelbmasse rühren, dann die Sahne vorsichtig unterheben. Die Löffelbiskuits auf den Kirschen in den Gläsern verteilen.

5 Den Espresso mit dem Kaffeelikör verrühren und die Löffelbiskuits mit der Mischung beträufeln. Die Mascarponecreme darüber verteilen und das Tiramisu mindestens 2 bis 3 Stunden kühl stellen. Kurz vor dem Servieren nach Belieben durch ein feines Sieb mit Kakaopulver bestäuben oder mit Lavendelblüten garnieren.

Tipp

Das Tiramisu ist ideal für ein Picknick: Die Weckgläser 1 Stunde vor Aufbruch im Tiefkühlfach anfrieren, dann ab in die Kühltasche und sich im Grünen auf den Nachtisch freuen.

Tiramisu mit Amaretti

von Johannes B. Kerner

Zutaten für 4 Personen:

- 2 Eier
- 60 g Puderzucker
- 250 g Mascarpone
- 100 g Sahne
- 1 Tasse Espresso
- 2 EL Amaretto (ital. Mandellikör)
- 150 g Löffelbiskuits
- 50 g Amaretti (ital. Mandelkekse)
- Kakaopulver

Zubereitung:

1. Die Eier trennen. Die Eigelbe mit der Hälfte des Puderzuckers im heißen Wasserbad schaumig schlagen. Vom Wasserbad nehmen und den Mascarpone unter die Eigelbmasse rühren.

2. Die Sahne cremig schlagen. Die Eiweiße mit dem restlichen Puderzucker zu einem festen Schnee schlagen und unter die Sahne heben. Die Eischneemischung unter die Mascarponemasse heben.

3. Den abgekühlten Espresso mit dem Amaretto verrühren. Löffelbiskuits und Amaretti auf einen Teller geben und gut mit der Espresso-Amaretto-Mischung beträufeln. Eine rechteckige Form mit der Hälfte der Kekse auslegen.

4. Die Hälfte der Mascarponecreme auf den Keksen in der Form verteilen. Die restlichen Kekse nebeneinander auf die Creme legen, die übrige Creme gleichmäßig darauf verteilen und glatt streichen. Das Tiramisu zugedeckt etwa 4 Stunden kühl stellen.

5. Das Tiramisu kurz vor dem Servieren durch ein feines Sieb mit Kakaopulver bestäuben.

Tipp

Wer Kalorien sparen will, kann das Tiramisu nur mit der halben Menge Mascarpone zubereiten und stattdessen 125 g Joghurt unter die Creme rühren. Den Amaretto kann man auch einmal durch Weinbrand oder Kaffeelikör ersetzen.

DESSERTS | 151

Schnee-Eier mit Vanillesauce

von Rainer Sass

**Zutaten
für 4 Personen:**

Schnee-Eier:

5 Eiweiß

Salz

125 g Zucker

Vanillesauce:

1 Vanilleschote

500 g Sahne

5 Eigelb

5 EL Zucker

Zubereitung:

1 Für die Schnee-Eier die Eiweiße mit 1 Prise Salz sehr steif schlagen (langsam anschlagen, das Salz dazugeben und dann mit dem Hand-rührgerät mit hoher Geschwindigkeit steif schlagen). Den Zucker vorsichtig unterrühren.

2 In einem flachen Topf Wasser erhitzen und leicht köcheln lassen. Aus dem Eischnee mit 2 Esslöffeln Nocken abstechen und vorsichtig in das köchelnde Wasser setzen. Die Nocken nach 2 Minuten wen-den und weitere 2 Minuten ziehen lassen. Die Schnee-Eier mit einer Schaumkelle herausheben und auf Küchenpapier abtropfen lassen.

3 Für die Vanillesauce die Vanilleschote längs aufschneiden und das Mark herauskratzen. In einem Topf die Sahne mit Vanillemark und -schote 5 bis 8 Minuten aufkochen. Die Eigelbe mit dem Zucker in einer Metallschüssel im heißen Wasserbad schaumig rühren. Die Vanilleschote entfernen, nach und nach die Vanillesahne unter die Eigelbmasse rühren, bis die Sauce cremig ist.

4 Die Schnee-Eier auf Teller setzen und mit der Vanillesauce anrichten. Nach Belieben geröstete, fein gehackte Mandeln darüber streuen.

Teufelspillen

von Sarah Wiener

**Zutaten
für ca. 20 Teufelspillen:**

ca. 20 Schattenmorellen

(gewaschen und entsteint)

5–6 cl Kirschwasser

120 g dunkle Kuvertüre

140 g gemahlene Haselnüsse

140 g Puderzucker

1 Eiweiß

Zubereitung:

1 Die Schattenmorellen mit dem Kirschwasser in eine Schüssel geben und 3 bis 5 Stunden ziehen lassen. Die Kuvertüre fein reiben.

2 Die Haselnüsse, den Puderzucker und die Hälfte der Kuvertüre mit dem Eiweiß in einer Schüssel zu einer festen Masse kneten. Falls nötig, noch etwas Kirschwasser hinzufügen. Den Teig zu einer etwa 2 cm dicken Rolle formen und in 1 1/2 cm dicke Scheiben schneiden.

3 In jede Scheibe 1 Schattenmorelle drücken, mit dem Teig umhüllen und zu einer Kugel formen. Die Pillen noch feucht in der restlichen Schokolade wälzen. Für Kinder die Teufelspillen mit 1 Haselnuss fül-len und das Kirschwasser durch Kirschsaft ersetzen.

DESSERTS

Weihnachtsknödel mit Fruchtpüree

von Sarah Wiener

Zutaten
für 4 Personen:

150 g Butter

150 g Zucker

3 Eier, Salz

1 EL Vanillezucker

Saft und abgeriebene Schale
von ½ unbehandelten Zitrone

3 EL Rum

500 g Speisequark

300 g Semmelbrösel

100 g Datteln (entkernt)

100 g Walnusskerne

1 Msp. Zimtpulver

je ½ Msp. Piment- und
Nelkenpulver

80 g Pflaumenmus (oder
anderes püriertes Obst)

100 ml Rotwein

2 EL Puderzucker

Zubereitung:

1 Die Butter mit 60 g Zucker schaumig rühren. Die Eier trennen. Die Eiweiße mit 1 Prise Salz und 40 g Zucker steif schlagen.

2 Die Eigelbe einzeln unter die Butter-Zucker-Masse rühren. Vanillezucker, Zitronensaft und -schale und 1 EL Rum unterrühren. Den Quark und die Hälfte des Eischnees unter die Masse heben, dann etwa 100 g Semmelbrösel untermischen. Zuletzt den restlichen Eischnee unterheben und die Knödelmasse etwa 1 Stunde ruhen lassen. Der Teig muss so fest sein, dass man daraus Knödel formen kann.

3 Die Datteln und die Walnüsse fein hacken und mit den Gewürzen verrühren. Den Knödelteig zu einer Rolle formen und in 8 Portionen teilen. Jede Portion mit Datteln und Walnüssen füllen und Knödel daraus formen. In einem Topf reichlich Salzwasser aufkochen und die Knödel darin bei schwacher Hitze etwa 20 Minuten gar ziehen lassen. Vorher eventuell einen einzelnen Knödel probeweise garen.

4 Die restlichen Semmelbrösel in einer beschichteten Pfanne leicht anrösten, mit dem restlichen Zucker mischen und auf einen Teller geben. Die Knödel mit einer Schaumkelle aus dem Kochwasser heben, abtropfen lassen und nacheinander in den Zuckerbröseln wälzen.

5 Das Pflaumenmus mit dem Rotwein verrühren und als Fruchtspiegel auf Teller verteilen. Jeweils 2 Weihnachtsknödel darauf anrichten und mit Puderzucker bestäuben.

Tipp

Man kann auch auf die Füllung verzichten und die »puren« Topfenknödel in Salzwasser garen. Als Sommervariante ersetzt man die Datteln und Walnüsse durch frische Beeren.

Auflauf aus Berlinern und Honigbirnen

von Johann Lafer

Zutaten für 4 Personen:

- 4 Berliner (ohne Füllung)
- 4 kleine Birnen
- 4 EL Zucker
- 2 EL Honig
- 100 ml Birnensaft
- 1 TL Zimtpulver
- Gewürznelken aus der Gewürzmühle
- 2 cl Birnengeist
- je 3 EL Butter und Zucker für die Form
- 1 Vanilleschote
- 200 g Sahne
- 200 ml Milch
- 4 Eier
- abgeriebene Schale von ½ unbehandelten Orange
- 2 EL brauner Zucker
- 3 EL Mandelblättchen

Zubereitung:

1. Die Berliner in gleichmäßig dicke Scheiben schneiden. Die Birnen schälen, halbieren, entkernen und in nicht zu dünne Spalten schneiden.

2. Die Hälfte des Zuckers und den Honig in einem Topf aufkochen und leicht karamellisieren. Den Birnensaft dazugießen, mit Zimt und Nelken würzen und alles sirupartig einkochen lassen. Die Birnenspalten dazugeben und in dem Sirup glasieren (oder gegebenenfalls etwas weich kochen). Zum Schluss den Birnengeist dazugeben. Die Birnenspalten aus dem Sirup nehmen und abkühlen lassen, den Sirup beiseite stellen.

3. Den Backofen auf 180 °C vorheizen. Eine Auflaufform mit Butter einfetten und mit Zucker ausstreuen. Die Berlinerscheiben und die Birnenspalten abwechselnd in die Auflaufform schichten.

4. Die Vanilleschote längs aufschneiden und das Mark herauskratzen. Sahne, Milch und Birnensirup mit dem restlichen Zucker und den Eiern in einer Schüssel gut verrühren. Das Vanillemark und die Orangenschale dazugeben und mit dem Stabmixer schaumig schlagen.

5. Die Sahne-Eier-Masse über die Berliner und die Birnen gießen, den braunen Zucker und die Mandelblättchen darüber streuen. Die Auflaufform in ein tiefes Backblech setzen und so viel kochend heißes Wasser angießen, dass die Form etwa zur Hälfte im Wasser steht. Den Auflauf im vorgeheizten Ofen auf der mittleren Schiene 20 bis 25 Minuten goldbraun überbacken.

Tipp

Servieren Sie den Auflauf mit einer Vanillesauce: Dafür 250 g Sahne mit 125 ml Milch, dem Mark von 2 Vanilleschoten und 80 g Zucker aufkochen. Nach und nach 4 Eigelbe unterrühren. Die Vanillesauce durch ein Sieb passieren und im heißen Wasserbad cremig aufschlagen.

Geburtstagskuchen

von Johannes B. Kerner

Zutaten für 1 Biskuitboden:
- 2 Blatt Gelatine
- 3 Eier
- 750 g Magerquark
- 150 g Zucker
- 125 g Sahne
- 1 runder heller Biskuitboden (Fertigprodukt)
- Kakaopulver zum Bestäuben

Zubereitung:

1 Die Gelatine in kaltem Wasser einweichen. Die Eier trennen. Den Quark in einer Schüssel mit dem Handrührgerät mit den Eigelben und dem Zucker verrühren.

2 Die Eiweiße zu einem steifen Schnee schlagen. Von der Sahne 3 EL abnehmen und den Rest ebenfalls steif schlagen. Die abgenommene Sahne in einem kleinen Topf erwärmen und die ausgedrückte Gelatine darin auflösen. Die Gelatine unter die Quarkcreme rühren. Dann den Eischnee und die Sahne vorsichtig unterheben.

3 Um den Biskuitboden einen Tortenring oder den Rand einer passenden Springform legen. Die Quarkcreme gleichmäßig auf dem Biskuitboden verteilen und glatt streichen, durch ein feines Sieb mit Kakaopulver bestäuben. Den Kuchen am besten über Nacht, aber mindestens 3 bis 4 Stunden im Kühlschrank fest werden lassen. Den Tortenring entfernen und den Kuchen vor dem Servieren noch einmal dick mit Kakaopulver bestäuben.

Tipp

Ich garantiere Ihnen, dieser Kuchen schmeckt. Und wenn er nicht gelingt, beschweren Sie sich bei meiner Mutter.

Kerners Köche

Johann Lafer, eigentlich der ruhende Pol unserer Stammbesetzung, hat es faustdick hinter den Ohren. Er überrascht mich immer wieder mit seiner trockenen Schlagfertigkeit und seinem Humor. So präsentiert er beispielsweise auf seiner Internetseite als Punkt in seiner Vita die »Entdeckung eines Zwillings in Tunesien«. Und manchmal, wenn die Benzinpreise wieder steigen, denke ich daran, wie er mir erzählt hat, dass er einmal einem Ölscheich aus Saudi-Arabien für sehr, sehr viel Geld deutsche Buttermilch verkauft hat. Aber das ist eine andere Geschichte …

Rainer Sass ist nicht einfach nur ein hervorragender Fernsehkoch, er ist Versicherungsagent und Fernsehkoch, eines allein wäre ihm zu langweilig. So ist auch sein Credo im Kerner-Kochteam. Mal peitscht er das Studiopublikum auf wie ein Aalverkäufer auf dem Hamburger Fischmarkt, mal verstummt er vor Ehrfurcht und Begeisterung für tolle Zutaten oder Zubereitungen. Und wenn man manchmal ganz genau hinschaut, sieht man Tränen in seinen Augen, wenn er etwas probiert, das ihm außergewöhnlich gut gelungen ist. Ohne Rainer Sass wäre die Sendung nicht, was sie ist. Und wenn etwas zu Boden fällt und zerbricht, kann man gleich den Rat des Versicherungsmannes einholen.

» *Was aus einem Zufall doch alles werden kann. Wer hätte gedacht, dass aus einer als einmalig geplanten Sendung gleich eine ganze Serie entsteht? Dass Johannes Riesenspaß am Kochen hat und dieses Fach auch bestens beherrscht, erfreut mich schon lange. Aber mit welch fast kindlichem Eifer er uns doch recht unterschiedliche Charaktere anführt, das begeistert mich jedes Mal aufs Neue! Jeder hat seine Philosophie, seine Art zu kochen, zu reden – oder auch den Mund zu halten. Gerade diese Mischung macht es so spannend. Mir bereitet die gemeinsame Herd-Story immer große Freude! Kochen macht Spaß! Ich danke den Zuschauern, denen die Sendung offensichtlich gefällt, und natürlich Johannes sowie dem gesamten Team. Gemeinsam kochen, genießen und lachen schenkt ein tolles Lebensgefühl!* «

» *Bislang war ich genervt von meinem gewischten Kochtresen, von den polierten Löffeln und Bestecken und den immer wieder zurechtgerückten Zutaten. Seit dem Kochen bei Kerner ist alles anders: Auch in meiner Küche darf jetzt mal etwas rumliegen oder nur leicht geordnet stehen, alles natürlich mit einer gewissen Disziplin, aber eben locker – und das ist gut so. Ich schließe mich also den Worten von Johannes B. Kerner an: Kerners Küche, »der letzte Hort der Anarchie«.* «

Sarah Wiener mag Salz. Mal mehr Salz und mal Meersalz. Erbarmungslos und ungeschönt fällt sie ihre Urteile in der Sendung, nicht nur, wenn ein Gericht nicht genügend gewürzt ist. Es liegt nahe zu sagen, sie ist das Salz in der Suppe unserer Sendung. Zwischen klassisch österreichisch und fremdländischen Fantasien – sie bereitet immer etwas Besonderes zu. Für mich macht sie mit ihrer Ausstrahlung in der Männerdomäne einen ganz besonderen Reiz aus. Optisch sowieso, aber auch akustisch: Keine rollt die Buchstaben so über die österreichische Zunge wie sie: Topfenstrudel, Erdapfel, Schmarren und Vogerlsalat ... super!

» *Wenn jemand diese Kochsendung einem Sender angeboten hätte, wäre er höchstwahrscheinlich gescheitert. Diese Köche passen doch gar nicht zusammen, wo ist das Konzept? Wer organisiert das und wer gibt den Ton an? »Mal sehen, was passiert« ist kein typischer Ausspruch von Fernsehmachern. Johannes hat uns von Anfang an ermutigt dazwischenzureden, wenn wir es für wichtig halten, zu sagen, wenn es uns nicht schmeckt, und uns getröstet, wenn etwas passiert ist, was so nicht gewollt war. Ich selbst lerne jedes Mal von allen viel dazu. Mittlerweile sind die Sendungen wie kleine Familientreffen und ich freue mich immer, »meine Jungs« zu sehen. So unterschiedlich wir alle auch sind, eins (besser gesagt: einer) eint uns immer: Johannes. Er fragt, versöhnt und gleicht aus. Zu Recht sind wir zusammen: Kerners Köche!* «

Ralf Zacherl ist ein richtiger Wolf im Schafspelz oder zumindest ein Fuchs im Ziegenfell, denn dieser äußerlich für viele schräge Jungspund kann richtig gut kochen. So als ob er seit Jahrzehnten nichts anderes täte. Wobei man sagen muss: Genauso ausgefuchst verhält es sich. Seine Stationen lesen sich wie das »Who's who« der deutschen Spitzengastronomie und so ist es kein Wunder, dass Ralf schon mit Mitte 20 den ersten Michelin-Stern nach Hause brachte. Ich werde niemals den Moment vergessen, als ich in der Sendung seinen Topfenschaum mit Erdbeeren und Pesto probiert habe: die pure Provokation, ein sensationelles Erlebnis für den Gaumen. Probieren Sie es auch, das Rezept steht auf Seite 134.

» *Viele Köche verfärben den Brei! Auch wenn jeder von uns ansonsten sein »eigenes Süppchen« kocht: Küchenarbeit ist Teamarbeit – und die klappt trotz des kleinen »Chaos« bei Johannes sehr gut. Dass die Zuschauer auch am späteren Abend noch so viel Appetit auf TV-Kochen haben, freut mich total. Dankeschön also an Johannes für die vielen witzigen Kochstunden – und vielen Dank auch an das komplette Kerner-Team (ein Kasten Bier ist an euch unterwegs).* «

REGISTER

Apfel-Kartoffel-Küchlein auf Feigenkompott 142
Auberginen-Paprika-Salat mit Tomaten
und Rosinen 39
Auflauf aus Berlinern und Honigbirnen 154

Backhendl mit Kartoffelsalat 38
Bauernröstbrot mit herbstlichem Pilztatar 15
Bloody Mary mit Fisch 110
Blüten-Kräuter-Salat mit Pfifferlingen 16
Brotsalat mit Tomaten und Ananas 36

Camilla's Cup mit Erdbeeren 140
Carottes au lait mit Lachsplätzchen
und Forellentrüffeln 30
Chicken Wings mit Krautsalat 62
Chipshappen mit Lachstatar 27

Eingelegte Birne mit Speck 24
Entenbrust im eigenen Saft 87
Entenbrust in Sesam-Honig-Kruste
mit Orangengraupen 88

Feldsalat mit gemischten Pilzen 18
Fischstäbchen im Kartoffelmantel 76
Flambierte Bananen mit Vanilleeis 146
Flambierte Orangencrêpes 143
Frühlingsrollen mit Gemüsefüllung 65

Gänsefrikadellen mit getrüffeltem
Wirsingrahmgemüse 91
Gebackener Kabeljau auf grüner Sauce 71
Gebratene Birne mit Gorgonzola 147
Geburtstagskuchen 155
Gedämpftes Seeteufelfilet im
Kräutermantel 80
Gefüllte Crêpes mit Räucherlachs 124
Gefüllte Nudeln mit Erdäpfelschmand 48
Gefüllte Sardinen mit Ricotta 70
Gefüllter Apfel mit Vanillesauce 147
Geschmorter Fenchel mit Kalbsmedaillons 61
Glasnudelsalat mit Tofu und Gemüse 46

Hähnchen in Parmaschinken 84
Himbeer-Grieß-Törtchen mit
Apfel-Basilikum-Salsa 136

Hirschschnitzel in Cantuccini-Panade
mit Birnen-Gewürz-Ragout 106
Hummer auf Rucolasalat 56

Kabeljau mediterran 116
Kalbfleisch-Involtini auf Tomatenragout 94
Kalbsfrikadellen mit Schnippelbohnen 101
Kalbsleber »Berliner Art« 96
Kalbsmedaillons mit Spargel
und Bärlauchpesto 98
Kalbsmedaillons mit Topinamburgröstel 100
Kängurusteak mit Mango-Chutney 126
Kartoffelschnee mit gebackenen Austern 59
Kohlrouladen mit Hähnchenbrust 90
Kräuter-Dorade aus dem Ofen 74
Kürbis-Cappuccino mit Zimt 32

Lachstatar auf Rösti 58
Lafers Toast Hawaii 64
Lammfilet mit Coucous und
überbackenem Kürbis 92
Langostinos im Knusperteig
mit Mango-Chutney 114
Lavendel-Kirsch-Tiramisu im Weckglas 148
Linguine »Fernweh« 44
Linguine mit Artischocken und Garnelen 117
Linsensuppe mit Parmaschinken 33
Liwanzen mit Brombeeren 133

Makkaroni mit Muschelragout 118
Marinierter Thunfisch auf Couscous 122
Maultaschen mit Mettwurst und Spinat 49
Melonen-Champagner-Kaltschale 112
Minutensteak mit Balsamico 127

Nektarinencarpaccio mit Tatar
und Limetten-Crème-fraîche 23

Oliventoast mit Artischocken-Tomaten-Salat 12
Orangen-Spargel mit Jakobsmuscheln 54

Pasta al limone 42
Pfifferlingrisotto mit Blaubeeren 53
Pilzsuppe mit Wacholder 29
Pochierte Eier mit Senfsauce 28

Putengeschnetzeltes mit Pilzen	86
Putenröllchen mit Artischocken	60
Putenrouladen mit Ananas-Chili-Mus	28

Rinderfilet mit Portweinzwiebeln und Koriander-Grießnocken	104
Rotbarbe im Schinkenmantel	77
Rumpsteak mit Maronenkruste und rahmigem Kürbisgemüse	105

Safran-Nudelsalat im Glas	20
Saltimbocca mit Parmaschinken	95
Schnee-Eier mit Vanillesauce	151
Schokoladensoufflé mit Kaffee	138
Seeteufel in Kokosmilch mit Karotten-Mango-Confit	78
Seeteufelspieße auf Mangosalat	68
Serviettenknödel mit Pfifferlingragout	52
Spaghetti mit Artischocken und Kapern	40
Spaghetti mit gebratenem Gemüse	47
Spaghetti mit Sauce bolognese	43
Spargel mit Parmaschinken	123
Speck-Garnelen-Spieß mit Apfel	113
Sprossensalat mit Thai-Basilikum	19
Steinbeißerfilet im Bananenblatt	72
Steinbutt mit Kartoffelschuppen auf Rotweinzwiebeln und Spinat	81
Stilton mit Pflaumen und Bacon	27
Süße Spargelstangen in Bierteig mit Mascarponecreme	144

Teufelspillen	151
Tiramisu mit Amaretti	150
Tiroler Speckknödel mit Pilzgulasch	50
Topfenpalatschinken mit Rosenblättern	130
Topfenschaum mit süßem Pesto	134
Topfenschmarren mit Dörraprikosen	132
Topfensoufflé mit Zwetschgenragout	139

Ungarisches Gulasch	102

Verschiedene Brotaufstriche	14

Wachtelspiegeleier auf Spinat	26
Walnussnudeln mit Feldsalat	120
Weihnachtsknödel mit Fruchtpüree	152

Zuckerschotensalat mit Strauchtomaten und Kapuzinerkresseblüten	22

Bildnachweis

Umschlagfotos: Jan-Peter Westermann
Wolfgang Lehmann: 4 (rechts oben, links unten),
5 (rechts oben), 9 (oben und links unten), 18, 22, 26,
29, 32, 33, 42, 43, 47, 53, 59, 60, 64, 65, 76, 77, 86,
95, 123, 133, 142, 143, 154, 155, 156 (links), 157
Jan-Peter Westermann: 4 (rechts Mitte), 6, 8,
9 (rechts unten), 19, 58, 61, 70, 112, 113, 116, 117, 127,
139, 146, 150, 156 (rechts)

DANKSAGUNG

Unsagbaren Dank an alle Köche, die bislang in unserem Hamburger Studio mitgewirkt haben, besonders an Johann für seine große Hilfe am Anfang.
Vielen Dank an alle an der Sendung beteiligten Kollegen beim ZDF, besonders Birgit Göller, Eva Wahler, Markus Templin und Manfred Teubner, die den Spaß an der Arbeit für diese Sendung teilen. Größtmöglicher Dank an die beste Requisite der Welt in Person von Anette und Beke. Wer klappert schon einmal ganz Norddeutschland ab, um Ziegenhack zu besorgen?
Besonderer Dank an die Mitarbeiter aus Produktion und Redaktion in Hamburg, extra erwähnt seien Silke und Manu, die nie aufgeben, bis das letzte Rezept vorliegt, sowie Christian, der immer noch keine Linguine mit Räucherlachs für uns gemacht hat. Und danke, Markus.